前　言

直播是互联网、移动互联网时代非常重要的一种信息传播形式，是基于视频流媒体而产生的一种传播形态。随着我国网络、硬件设备、流量资费等各方面条件的成熟，国内视频直播市场也逐渐发展起来。

2020年，直播更是进入了一个大爆发期，无论是平台新增量、用户增长速度，还是资本活跃度都创下了新高，这也预示着该行业已经到了一个“风口”。历史上每一个“风口”都会给当时的个人、社会以及经济带来巨大的变化，直播的出现同样如此，首先带来的是经济风向、商业模式的转变。你会发现现在很多人玩着直播还能赚钱，这也是泛娱乐化与商业高度融合的结果。

本书详细讲解了各大直播平台的运营技巧，如果你认真研读，相信一定能够从中获得不少的启发和灵感。我是在2014年时从事教育培训行业，我的命运也是因为踏进这个行业而获得改变。一路走来，经历过许多坎坷，但也取得了一些成绩。

时光荏苒，那时我刚加入教育培训行业，对于初次接触该行业的我，一切都很茫然，也碰到过许多挫折，但是我没有放弃，并且在三个月后成为公司最年轻的业务经理。从19岁开始带团队，花了8个月的时间，通过自己的努力，成为公司总监，并且在这8个月的时间内，我带领团队单月突破了500万元的业绩，这一切都只是个开始。

在2017年时，微商当时特别火热，我就想，或许可以利用微信群做些什么，于是想到了群发红包营销技术，并且群发给了1 000个人，这次我成功收款6万元。紧接着，我开始帮客户做社群营销布局和招商策划，短短五天的时间成功变现了19.8万元……2018年时，客户来找我设计招商演讲稿，这份演讲稿让客户单场招商收款500多万元，并且连续6场，最后成功收款了2 600多万元。

2019年是直播元年，淘宝直播、抖音直播等陆续火爆起来，特别是2020年初的疫情原因，让直播达到了空前的高潮，也让越来越多的个人和企业开始布局线上，特别是直播带货、卖货。

而今，有幸得到胡杨的真诚相助，让我将自己的直播销售经验荟萃成一本直播教程，与大家一起分享。本书共有三篇内容：第一篇为模式平台，主要讲述了传统直播、电商直播、自媒体直播、短视频直播、社交直播等；第二篇为吸粉引流技巧，例如，如何选好直播主题、找准传播渠道、提供优质内容、掌握直播推广等；第三篇为带货技巧，主要讲述了直播带货五步法以及带货的12种技巧。

最后，感谢购买本书的朋友，我将会建立一个书友群，让大家有机会共同交流、学习，我也会在群里不定期地给大家做分享，如果你想和我深入联系和交流，欢迎你加我的个人微信：353331295（备注：直播高手）。

编　者

2020年8月

直播销售

商业模式+平台运营+吸粉引流+带货技巧

陆高立◎编著

LIVESTREAMING SALES

中国铁道出版社有限公司
CHINA RAILWAY PUBLISHING HOUSE CO., LTD.

内 容 简 介

如何进行直播销售？如何快速成为网络直播红人，且收入破百万？

如何打造网红店铺？如何利用直播玩转电商销售，提升商品转化率？

以上这些问题，你都能从本书中找到答案。即便是直播带货小白，也能快速进行直播带货。

本书是作者在多个成交品牌课程、200 多家企业和团队做内训的辅导经验以及自身抖音账号运营的基础上，系统打造的一套直播销售带货的方法。

全书从直播销售、直播模式、传统直播、电商直播、自媒体直播、短视频直播、社交直播、吸粉引流、带货技巧、打造品牌 IP 这 10 个角度对直播销售实战的相关内容进行了全面解读，帮助大家快速玩转直播销售。帮助读者用最短的时间运营出一个十万级、百万级、甚至千万级的销售类直播号。

本书几乎适合所有做直播的用户，特别是用直播进行电商产品销售或变现的人士，如淘宝、天猫、京东等电商平台，以及抖音、快手等视频平台的商家。

图书在版编目（CIP）数据

直播销售：商业模式 + 平台运营 + 吸粉引流 + 带货技巧 / 陆高立编著 .—北京：中国铁道出版社有限公司，2020. 11
ISBN 978-7-113-27214-2

Ⅰ.①直… Ⅱ.①陆… Ⅲ.①网络营销 Ⅳ.①F713.365.2

中国版本图书馆 CIP 数据核字（2020）第 163832 号

书　　名：**直播销售：商业模式 + 平台运营 + 吸粉引流 + 带货技巧**
作　　者：陆高立

责任编辑：张亚慧　　**编辑部电话**：（010）51873035　　**邮箱**：lampard@vip.163.com
编辑助理：张秀文
封面设计：宿　萌
责任校对：孙　玫
责任印制：赵星辰

出版发行：中国铁道出版社有限公司（100054，北京市西城区右安门西街 8 号）
印　　刷：北京铭成印刷有限公司
版　　次：2020 年 11 月第 1 版　2020 年 11 月第 1 次印刷
开　　本：700 mm×1 000 mm 1/16　印张：16.25　字数：274 千
书　　号：ISBN 978-7-113-27214-2
定　　价：59.00 元

目 录

第 4 章　电商直播：直播已成标配，展现惊人带货能力

第 5 章 自媒体直播：打造一站式“轻电商”变现平台

第 6 章 短视频直播：巨大流量池，重构多种商业形态

第 10 章 打造品牌 IP：挖掘用户价值，形成行业闭环

第1章

直播销售：抓住下一个风口，实现财务自由

移动直播和短视频在4G时代下孕育而生，而5G技术的到来和发展，将给在线直播行业带来更多的发展空间。如火如荼的直播答题、热火朝天的电竞比赛、让人垂涎三尺的美食直播等各式各样的直播间入大众的视野。在这样一个万人直播的时代，究竟应该如何把握直播，从而使自己脱颖而出？

1.1 在线直播：看清行业发展规模及趋势预测

5G技术的发展给直播行业提供了更为清晰和流畅的视频画质，VR技术、云计算等各项技术的成熟使得直播形式和场景日趋多元化，这些技术的更新和成熟都给直播行业带来了更大的发展空间。在这样的条件下，各式各样的直播孕育而生。未来下沉市场和全球化的加强使得直播行业具有更大的潜力和想象空间。

1.1.1 5G技术：给直播行业带来更大的发展空间

移动直播和短视频在4G时代下诞生，而5G技术的到来和发展，使在线直播行业成为燎原之势。对于在线直播来说，5G技术的高速度、低延时可以消除画面卡顿，进而改善视频画质。

同时，5G技术也能进一步推动人工智能、云计算、VR等技术走向成熟，提高运营和变现的效率，提升观众体验。这将为直播的现场模式扩大应用范围，促使直播形式和场景更加多元化，如图1-1所示。

图1-1 云计算

1.1.2 内容规范：加强监管力度，打造优质内容

形形色色的直播正逐渐闯入大众的视野，有让人激动紧张的直播答题，还有热血沸腾的电竞比赛，如图1–2所示。比赛现场激动人心，参赛选手互秀操作，用一次次单杀和团战赢得胜利，每一次精彩的瞬间都让观众欢呼喝彩。

图1–2 激烈的竞赛直播

各式各样的电商争奇斗艳，竞相表演，还有让人看了馋涎欲滴的美食直播，如图1–3所示。这位美食主播就在演示如何制作美食，制作的过程让人看了特别想吃，能勾起观众自己制作美食的欲望。

图1–3 自己制作美食

更有赢得国外力捧的美食主播李子柒，不同于其他美食主播，她则是“隐于”山间田园，这种世外桃源式的悠然生活，不免让人产生对古朴田园生活的向往，如图1–4所示。

图1–4　李子柒美食视频

还有一些主播会通过直播来带货，她们在带货之前，会先来讲一讲自己的故事，以故事情节来带入产品，如图1–5所示。这是抖音上的一位美妆主播，主要做美妆产品，她每次在推荐产品的时候，都会先讲一些自己的故事，以自己的实际情况和使用效果来进行产品的直播与带货，这样的直播视频显得真实，粉丝也更加相信主播，从而购买主播推荐的产品。

图1–5　以故事情节来带货

不光直播越来越多，还有虎牙、抖音等直播平台陆续上市。

伴随着直播行业的发展，该行业已成长到“千播时代”。对此情景，网络直播行业加大了监管力度，并出台了多项政策，以维持市场秩序，促进直播行业的标准化、制度化。为促使行业良性发展，多次集中执法，对不良的直播视频也进行了清理和整治。

直播中的一个主播，代表了在某个领域的公众人物，以及整个社会的公众人物，所以主播直播输出的内容至关重要，但直播平台也需要明晰自身的监管职责，凸显直播的社会价值和正能量，共同促进直播行业逐步正规化、职业化。

1.1.3 头部效应：行业洗牌，资本运作寻求突破

随着监管力度的加强，投资者对于直播行业已进入理性期，虎牙、斗鱼获高额融资，同样受资本青睐的还有垂直平台。在整个行业中，头部平台在资本运作寻求突破，二线平台则通过重组、收购、合作促进资源整合，实现优势互补，抵御竞争平台冲击，部分平台则面临行业洗牌，如图1-6所示。

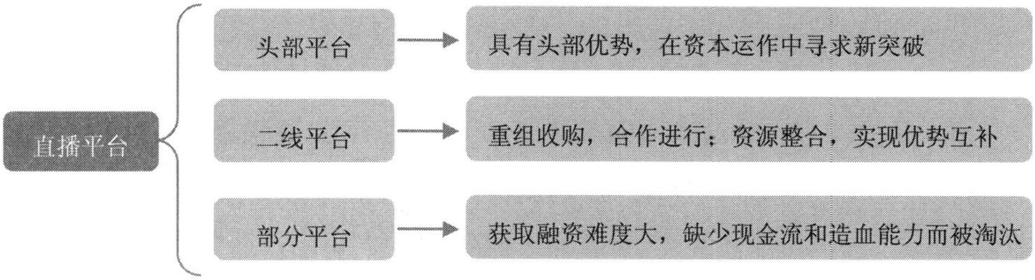

图1-6　行业洗牌

整个平台将加快资本运作，布局产业链上下游，打造产业生态体系。

对于踏入转型、调整期的直播行业来说，其商业模式、内容策划以及主播的训练和引流能力等各个方面都有了更高的标准。在此情景下，要想形成自己的核心竞争力唯有创新和才艺。

在区别化模式下的直播行业，拥有更加专门化、细致化和特性化的内容策划，对于整个直播平台的内容质量和直播间氛围的提升将有很大帮助，同时也能给观众带来更全新的视听体验。

1.1.4 商业创新：多样化变现形式，跨界成常态

随着直播用户规模增长变缓，传统以用户数量为支撑，依靠主播流量、用户打赏的盈利模式表现乏力，直播平台普遍面临着高额的宽带成本和运维成本的困境。

YY直播和陌陌直播在传统模式下就面临盈利困境，YY直播和陌陌直播季度付费用户环比出现停滞或下降，如图1–7所示。

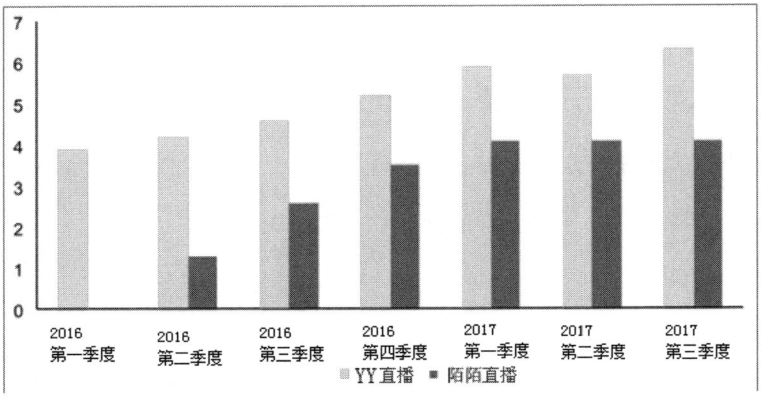

图1–7　YY直播和陌陌直播季度付费用户环比出现停滞或下降

资料来源：2016–2022年中国直播行业运行态势及发展趋势研究报告

为此，平台寻求创新之路，不断拓宽内容范围。为适应知识经济时代的新潮流，也增设了用户付费环节，以尊重知识的原创性和创作者的劳动成果。通过策划多类型的泛娱乐节目和赛事IP来拓展直播的内容营销，吸引潜在客户。

这样多样化的直播内容，为直播的发展注入了新鲜的血液。

1.1.5 市场下沉，直播行业拥有更大的潜力和想象空间

二三线的城市居民相对于一二线城市的居民来说，较晚接触互联网。但拥有更多的娱乐闲暇时间，根据时代影响下的消费习惯，让我们看到了未来下沉市场更大的潜力和想象空间。

另外，全球化市场不断加强，不少地区都积极推进数字化政策，更多的直播平台把目标关注到海外市场，以获取更大的增长空间。

1.2 流量红利消失，直播行业已经步入成熟期

互联网流量红利正在逐渐消失，主播电商却成为热门，缘由是电商直播具有明显的转化优势。在这样的优势下，不断发展的直播行业又促使主播日趋职业化，电商销售也已经步入爆发期和红利期。

1.2.1 互联网流量红利正在逐渐消失

当电商平台面临着互联网流量红利开始趋于消失时，便开始各自寻找新的能够促使网络零售增长的手段。直播电商也就成为被关注的焦点，这种与以往不同的零售方式逐渐成为经济领域新的增长方式，并且越来越多的明星和网络红人也开始进入直播带货的行业，预计未来电商直播领域市场的规模会日趋增大。

1.2.2 直播电商成为新的增长方式

针对流量红利的不断消失，电商开始寻找新的销售方式，直播电商也就在这时应运而生并迅速发展。

2019年国家统计局数据显示，在社会消费品零售上，总额达到411 649亿元，相较于2018年总额数据增长8%，其中全国互联网零售额达到106 324亿元，比2018年增长16.5%，不难看出电商的高速增长。具体到电商直播，其增速是电商领域最为迅猛的，所以直播电商也就成为新的经济增长方式。

直播平台类型可以划分为电商平台型、社交平台型、短视频平台型或其他类型，直播品类所属行业类别可分为母婴类电商、美妆类电商、服装类电商等，通过店铺和货源的拥有情况分析电商直播对应的商业变现手段共有四种，分别为口碑种草、合作品牌带货、自有店铺、明星带货达人。

有数据显示，增长最快的行业主要是美妆类、日用百货以及箱包配饰这些服装类。同时，直播行业也从PC端向移动端发展，规模仍然在保持扩大趋势，移动端的便捷也促使了直播电商的发展和壮大。

1.2.3 电商直播有着明显的转化优势

这种新的直播销售方式开始逐渐成为经济领域新的增长点，日益增多的网红和明星进入电商直播领域。而电商直播之所以成为电商领域增速较快的一类，这和它拥有极高的购买转化率是分不开的，传统电商的购买转化率仅为0.37%，电商直播为10%~20%。可见，电商直播有着明显的转化优势，如图1-8所示。

电商直播的转化优势
- 画质更流畅，清晰度更高，放大功能让用户看清更多细节
- 互动功能让用户感受更为贴心的服务，主播亲自搭配，省时省心
- 主播实时性情绪和语言让商品更真实，进而降低信任成本

图1-8　电商直播的转化优势

电商直播以人、货、场为核心主体，增添个性化推荐方式，将产品精准地推荐给相应的感兴趣的用户，加之对其产品质量的把控，获得用户的信任，提升用户复购率。最终在平台、用户、主播、供应链、品牌方、服务支持六大角色之间形成一个交易、运作的闭环。

此外，直播间内容覆盖领域的扩大，使得其可看性越来越强，用户和直播间具有高互动性，甚至还有AR、VR直播、互动直播等新型直播方式，这些方式都让消费者的购买感趋近线下。

AR直播将虚实融合，将舞台的布景应用于虚拟影像，在提高观赏效率的同时还能降低成本，如图1-9所示。

图1-9　AR直播

VR直播给用户展示了360° 的直播画面，借助5G技术低延时的特性带给用户身临其境的体验，使用户购物时具有高沉浸感，图1–10所示为2018年世界VR产业大会。

图1–10　2018年世界VR产业大会

1.2.4　主播职业化成为原创内容网红

根据不断提高的社会经济领域占比，电商直播从2016年开始进入爆发期，这个阶段的社交平台日益多元化，这些平台对大众的生活不断渗透和深化，主播也日趋职业化，并在此期间出现很多专业的原创内容网红，如李佳琦、薇娅等。网红电商对人们的生活以及社会经济领域的影响日益增大，如图1–11所示。

图1–11　网红直播间

1.2.5 电商销售迎来了爆发期和红利期

2018年数据显示，淘宝直播平台的带货量超千亿成为全新的千亿级增量市场，同比增长4倍。越来越多的行业经历了2016—2018年的积淀之后，被淘宝改造。

2019年双十一的最终成交额是2 684亿元，如图1-12所示。而淘宝直播的成交额已经高达200亿元，超过50%的品牌商家通过直播的方式获得了新的突破。

图1-12　2019天猫双十一成交额

以淘榜单联合淘宝直播发布《2019年淘宝直播生态发展趋势报告》为依据，随着越来越多的消费者开始通过淘宝直播来进行产品的选择和购买，2018年加入淘宝直播的主播人数较此前一年增长了1.8倍，月收入超过百万元的主播也超过100人。

淘宝直播已经发展成为电商在新时代的新产业，随着店家、主播、用户全方位拥抱淘宝直播，内外部发展条件的成熟，将推动淘宝直播持续发展。淘宝直播不仅带动了女性、农民就业，还为各行各业创造了人人可参与的新就业模式。

淘宝在直播行业领先的走向，也显示淘宝已领先揭起了电商平台直播风暴。电商平台兴盛繁华，直播所带来的利益已经远远超过了人们的想象，让一些短视频社交平台也兴起了“带货直播”模式，比如抖音、快手。

在2018年，淘宝日直播场次达6万场，销售额达到1 000亿元。数据显示，2019年的618购物狂欢节上，淘宝直播的成交额达到130亿元。多组庞大数据证实了一个共同的结果：电商直播迎来了爆发期和红利期。

1.3 直播销售：带动消费热潮，创造销售奇迹

直播销售相比较传统市场销售具有四大优势，例如更低的营销成本等。在整个销售过程中又具有六大角色，直播销售通过九大步骤、外加相应的直播设施，遵循法律规则，进而带动消费热潮，创造销售奇迹。

1.3.1 直播销售的四大优势

在传统的市场营销活动中，企业主要依靠户外广告、新闻报道、线下活动等形式来呈现产品价值，企业实现价值交换则是借助推销员销售、自动售货机贩卖、电话下单与发货等方式。而相较于传统营销来说，互联网直播给企业带来了新的机会，直播销售的优势有以下四点，如图1-13所示。

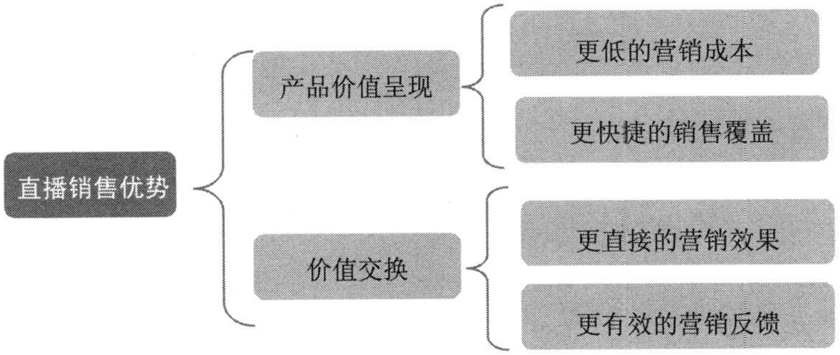

图1-13　直播销售优势

关于直播营销的优势主要体现在以下几个方面。

更低的营销成本：直播营销只需要较少的场地和物资，在营销中，所需的成本较低，可以为营销节省一笔支出。

更快捷的营销覆盖：直播营销直观地展示了主播试吃、试玩、试用等过程，根据主播的展示，用户可以更快捷地进入营销所需场景，进而形成消费。

更直接的营销效果：消费者在购买商品时极易受到环境感染，例如，在群体

效应的影响下，从众消费；或者观察主播使用感，将自身带入主播的角色中，进行下单；抑或是其他原因。因此在设计直播营销时，企业可以着重筹备主播的台词、利用优惠活动、加入促销、团购等形式，反复测试并优化下单界面，以收获更好的营销效果。

更有用的营销反馈：直播的高互动性促使主播将直播内容呈现给受众的同时，观看者也可以通过弹幕的形式，分享体验。

因此，企业可以借助直播，一方面收到已购买过产品的消费者的使用反馈；另一方面通过现场观众的观看反馈，使下一次直播营销达到更好的效果。

1.3.2 直播销售的六个角色

直播销售的六个角色：分别是平台、用户、主播、供应链、品牌方、服务，如图1-14所示。在直播销售中，六个不同的角色构成了产品销售的产业链端。无论哪一个角色，对产业链都尤为重要。

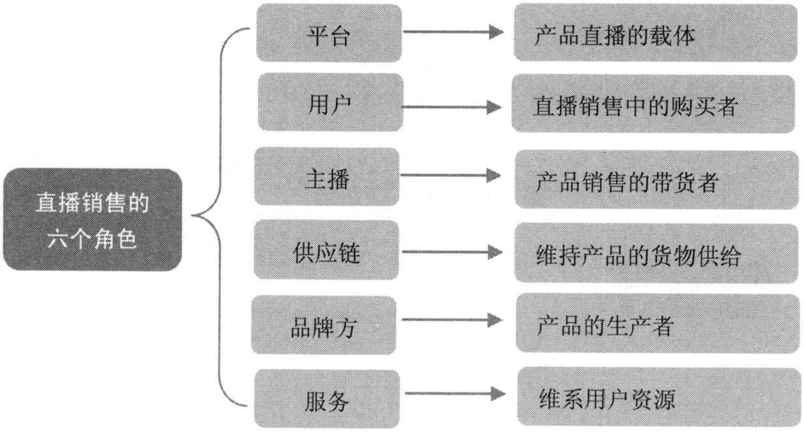

图1-14 直播销售的六个角色

下面将对不同的角色进行讲解。

（1）平台：以平台为载体，通过主播的聚合，形成平台流量矩阵，从而提升产品价值的变现。同时也是保证用户高活跃度的一种有效方式。例如，淘宝、京东、蘑菇街和聚美优品等。位居榜首的是淘宝直播，其不限产品。同样不受限制的还有京东。相较于这两个而言，蘑菇街和聚美优品则主要针对女性，蘑菇街多为服装穿搭，聚美优品主要为化妆品。

（2）用户：分为目标用户和潜在用户。目标用户指公司提供产品和服务的对象，例如使用过的群体；潜在用户可以是使用过的群体的朋友，也可以是正在了解、对产品有所需要的顾客。直播销售的目的不光是经营好所需的目标用户，还要把握好潜在用户。

（3）主播：产品销售的带货者。主播在直播销售中既可以替品牌销售产品，也能维持自己的粉丝。在直播销售中，主要依据的是主播个人与用户之间的关系，所以营销中更取决于主播的粉丝规模和流量资源，线下销售中则更多的是通过品牌或实物传递给人的视觉或听觉信息进行销售。在直播销售过程中，主播与用户之间进行互动，唤起用户的感性心理，用主播的感官感受，通过两者之间的“信任契约”，让粉丝去了解商品以及购买产品。

（4）供应链：维持产品的货源供给。并且因为对人、货、场的重新排列要求不断提高，对库存的要求也有所提高。强供应链是提升产品竞争力的核心，也是对消费者的负责和产品销量的维持。

（5）品牌方：商品的生产者，通过直播销售促使企业品牌的提升或销量的增长。通过主播直播营销的方式，与主播建立伙伴关系，既有利于自身品牌的推广和营销，也能根据主播与用户之间的互动反馈对产品进行及时和持续的更新和品质的提升，更有利于品牌与用户之间关系的长期维护，也能确保产品的质量和销量。另外，品牌商选取和自身产品相契合的主播形象，既有利于产品更好地阐释，也能借助主播的人格魅力赢得更好的销量。

（6）服务：直播是向大众推销产品，推销的前提是了解用户的需求，针对客户不同的需求，因此我们的服务需要更具细节化、个性化，同时还要避免同质化竞争。同样售后服务也需要重视。

1.3.3 直播销售的九个步骤

直播具有网络化、视觉化、可交互三大特点，是连接目标群体有效且流行的方式。营销的目的是挖掘直播的价值，从而实现自己的利益诉求。直播营销可分为九个步骤，下面分别进行讲解。

1. 直播可行性

直播的基础是技术，在直播前期需要投入人员、设备。因此，评估直播营销是否有可行性，完成立项准备是十分必要的。

2. 市场定位确立

经过市场调研，确定直播定位。需要分析自身产品状况、直播平台特点、消费者信息需求等，找准直播的立足点。

3. 直播平台拣选

挑选好的，适合自己产品的平台是关键。直播平台很多，流量大的有抖音、快手、斗鱼等，还有日新月异不断涌现的新平台。

4. 用户群体分析

在直播初期，内容的创立需要建立在用户群体的基础之上，因此用户群体的确立非常重要。用户群体的确立能促使直播更好地迎合用户需求，在群体上进行分析，为直播的内容策划提供了思路和理论支撑。

5. 直播场景设定

直播具有即时性，提前计划确定直播的场景和拍摄方式，更能确保直播效果。工作室、生产线、销售端等都可以作为直播的场景。

6. 直播形式设计

在直播时需要提前设计好直播形式，直播形式有三种。第一种为单镜头直播，顾名思义就是只采取一个镜头；第二种为多机位直播，多机位直播是采取两到三个摄像头进行直播。在电商直播中，多机位的直播更有利于展示产品的细节；第三种是多直播间联动，不同的直播间进行联合直播。

7. 直播内容规划

确立好群体之后，则需要对直播内容进行规划。直播的内容有三点：其一为主播的台词，流畅而有力的台词更能促使产品价值变现；其二为现场工作人员的运动轨迹，运动轨迹一旦紊乱极易造成直播间的混乱；其三为出镜事物的角度，要保证产品清晰地展现在用户面前。在规划这三项内容时，需要注意与直播的主题相吻合，可以从产品的特征及性质、客户的需求角度出发。

8. 宣传与推广

宣传推广不可少。做好以上直播的前期工作之后，最重要的就是将直播的消息传播出去，推广、粉丝维护、活动策划都可以将直播的时间频道传达给用户。

9. 促使直播变现

变现是实现直播价值的关键一步。促使产品变现可以在直播内容、用户下单渠道等地方进行策划，例如在直播中给用户积极暗示，用户下单的渠道快捷、简单。

1.3.4 直播需要的硬件设施

在进行直播时，根据直播场景和类型的不同，用户需要准备一些必要的硬件设备。

1. 手机直播

手机直播的相关设备如下。

（1）手机：手机的摄像头像素要高、内存要充足、性能要可靠，保证直播过程中的画面清晰、画质稳定，如华为、苹果等手机都是不错的选择。

（2）声卡：用来播放直播间的背景音乐和声效，如掌声、笑声等，可以让直播间的气氛更为活跃。声卡设备推荐联想UL20、森然播吧二代、希音I7等，如图1–15所示。声卡的工作原理是：将麦克风输入的音频信号转换成数字信号传送到电脑，最后数字信号经过处理，还原成音频信号输出，因为加了各种效果和混响能使声音变得更好听。

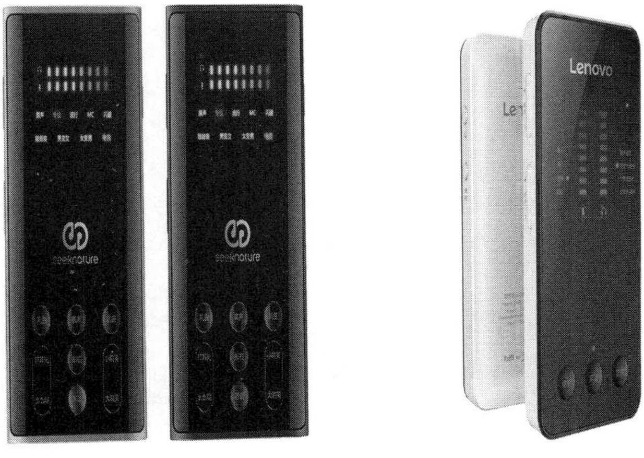

图1–15　联想UL20和森然播吧二代声卡设备

（3）麦克风：主要用来收录主播的声音，麦克风设备推荐飞利浦

DLK38003、唱吧G1、得胜PH-120等，图1-16所示为得胜PH-120。这些设备都有不错的表现力，并且优质的麦克风可以让你的音质更干净，让用户更好地听清你的声音，并且有的麦克风具备变声效果，可以让直播效果更生动，麦克风与声卡是配合在一起使用的，相当于是你直播的“调音师”，共同美化你的声音。

图1-16　得胜PH-120

（4）外置摄像头：如广角摄像头、微距摄像头、鱼眼摄像头等，能够提高画面清晰度和丰富度，让用户的直播更加出彩。

（5）手机支架：固定支架、移动支架、防抖动支架都需要配备，适合不同的场景直播拍摄，如图1-17所示。

图1-17　手机支架

（6）其他：补光灯和挡光板等设备，可以使直播拍摄更加专业，补光灯能够让你的脸部光线充足，并且具有美颜效果，让你的直播更亮眼。另外，补光灯具有高亮度，更佳的显色度，能让你的产品展示效果更佳。挡光板的作用可以聚集灯光，进行辅助照明，当光线从侧向照射过来时，挡光板的作用可以让主播脸部的受光更均匀，并且在左右两侧都设置挡光板时，可以让主播的脸形更显瘦，上镜效果更佳，如图1-18所示。

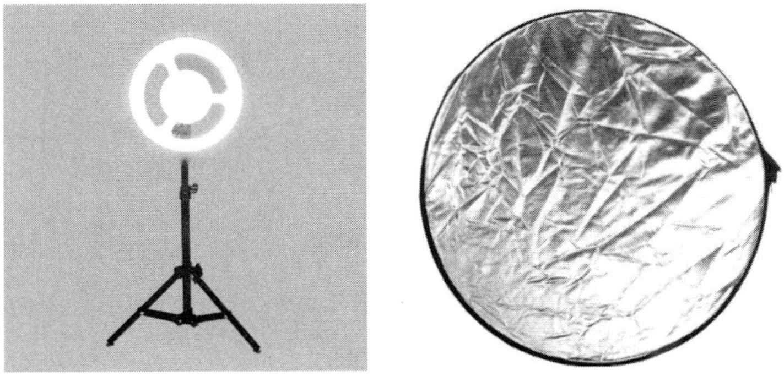

图1-18　补光灯和挡光板

2. 电脑直播

对于电脑直播来说，电脑直播摄像头是必不可少的装备，如罗技C900系列主打高清拍摄，能够记录用户的精准操作；再如，蓝色妖姬S9200具有很好的美颜功能，能够全方位展现主播得美。

电脑内置声卡或者外置声卡也是直播的标配。其中，麦克风可以分为动圈麦克风和电容麦克风，大部分主播使用的都是电容麦克风，其特点是音质好、声音更有层次，推荐ISK-BM800、ISK-BM5000、得胜PC-K550以及ISK RM系列等。

直播时，除了需要有性能合适的电脑配置，以及流程的网络环境，抖音直播伴侣和OBS软件都是用户推流的好帮手，另外还有快手直播伴侣，如图1-19所示。另外，在电脑上进行手机游戏直播时，则还需要在电脑端安装投屏软件，例如苹果录屏大师、AirDroid。

图1-19　快手直播伴侣

3. 户外直播

户外直播首先要保证手机的电量充足，用户可以准备一块充电宝以备不时之需。户外直播的麦克风和声卡，推荐雅兰仕、迷你小麦克、博雅无线小蜜蜂等麦克风，以及艾肯（icon）Cube 4nano、艾肯（icon）Upod pro和客所思KX-2究极版等声卡设备，可以帮助用户提升直播质量。

另外，手持云台也是户外直播必不可少的辅助设备，能够防止画面抖动，提升直播观感，给观众带来更好地观看体验。当然，这些直播设备仅供用户参考，用户可以根据自己的实际情况和直播场景来选购。

1.3.5 直播销售的法律规则

平台直播时需要提倡文明、健康、绿色的直播环境，拒绝低俗、有碍风化的表演。在直播期间，主播要以身作则，与此同时平台也要加强监管，杜绝涉嫌违法的内容。

针对主播本身，必须具备一定的主播素养和能力，符合平台主播要求。在直播时要严格遵守相应的法律协议，例如，进行网络直播时需符合所在地法律的相关规定，不得以履行协议的名义从事其他违反中国及所在地法律规定行为，图1-20所示为淘宝规则。（注：具体规定以平台协议为主)

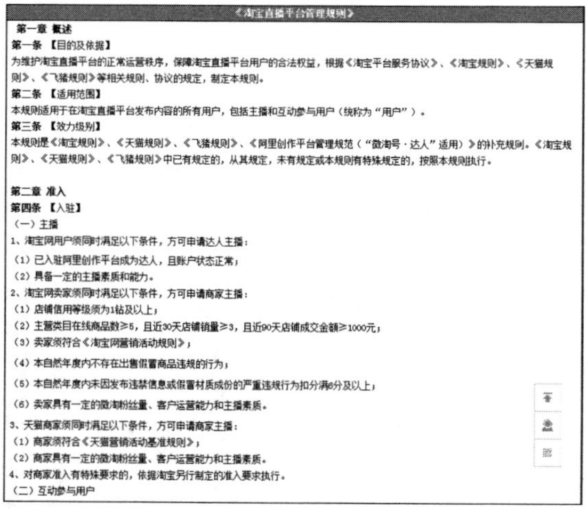

《淘宝直播平台管理规则》

第一章 概述

第一条 【目的及依据】

为维护淘宝直播平台的正常运营秩序，保障淘宝直播平台用户的合法权益，根据《淘宝平台服务协议》、《淘宝规则》、《天猫规则》、《飞猪规则》等相关规则、协议的规定，制定本规则。

第二条 【适用范围】

本规则适用于在淘宝直播平台发布内容的所有用户，包括主播和互动参与用户（统称为“用户”）。

第三条 【效力级别】

本规则是《淘宝规则》、《天猫规则》、《飞猪规则》、《阿里创作平台管理规范（“微淘号 · 达人”适用）》的补充规则。《淘宝规则》、《天猫规则》、《飞猪规则》中已有规定的，从其规定，未有规定或本规则有特殊规定的，按照本规则执行。

第二章 准入

第四条 【入驻】

（一）主播

1、淘宝网用户须同时满足以下条件，方可申请达人主播：

（1）已入驻阿里创作平台成为达人，且账户状态正常；

（2）具备一定的主播素质和能力。

2、淘宝网卖家须同时满足以下条件，方可申请商家主播：

（1）店铺信用等级须为1钻及以上；

（2）主营类目在线商品数≥5，且近30天店铺销量≥3，且近90天店铺成交金额≥1000元；

（3）卖家须符合《淘宝网营销活动规则》；

（4）本自然年度内不存在出售假冒商品违规的行为；

（5）本自然年度内未因发布违禁信息或假冒材质成份的严重违规行为扣分满6分及以上；

（6）卖家具有一定的微淘粉丝量、客户运营能力和主播素质。

3、天猫商家须同时满足以下条件，方可申请商家主播：

（1）商家须符合《天猫营销活动基准规则》；

（2）商家具有一定的微淘粉丝量、客户运营能力和主播素质。

4、对商家准入有特殊要求的，依据淘宝另行制定的准入要求执行。

（二）互动参与用户

图1-20 淘宝规则

所有淘宝会员均可参与直播互动。

第三章 经营规范

第五条 【信息发布】用户除须遵守《淘宝规则》、《天猫规则》、《飞猪规则》、《淘宝交互信息规则》、《阿里创作平台管理规范（“微淘号·达人”适用）》中关于信息发布的相关规定外，还须遵循如下信息发布要求：

（一）不得发布危害信息，包括但不限于敏感信息、淫秽色情信息；

（二）不得发布不实信息，包括但不限于捏造细节、夸大事实、不实宣传、虚假中奖信息、所推广商品信息与实际信息不一致；

（三）不得伪造活动信息，包括但不限于伪造或冒充淘宝网、天猫、聚划算等活动信息；

（四）不得发布垃圾广告，包括但不限于通过机器或软件等非人力手段对他人大量发送广告垃圾信息；

（五）不得发布淘宝直播平台不允许发布的信息；

（六）直播信息不得与入驻信息不符。

第六条 【行为规范】用户除须遵守《淘宝规则》、《天猫规则》、《飞猪规则》、《淘宝交互信息规则》、《阿里创作平台管理规范（“微淘号·达人”适用）》中关于行为规范的相关规定外，还须遵循如下行为规范：

（一）主播

1、不得违背其自身所作出的承诺；

2、不得违规推广，包括但不限于发布阿里创作平台不允许发布的商品信息；推广的商品明显涉及出售假冒、盗版商品，或为出售假冒盗版商品提供便利条件；

3、不得存在易导致交易风险的行为，包括但不限于引导用户进行线下交易、发布外部网站的商品或信息.

4、不得存在侵犯他人权益的行为，包括但不限于泄露他人信息、不当使用他人权利、骚扰他人；

5、不得扰乱平台秩序，包括但不限于针对直播数据进行造假或者作弊；

6、须符合淘宝直播平台主播要求。

（二）互动参与用户

1、不得存在侵犯他人权益的行为，包括但不限于不得违规推广、泄露他人信息、不当使用他人权利、骚扰他人；

2、不得扰乱平台秩序。

第四章 违规处理及清退

第七条 【违规处理】用户违反本规则相关规定，淘宝除依照《淘宝规则》、《天猫规则》、《飞猪规则》、《淘宝交互信息 、《阿里创作平台管理规范（“微淘号·达人”适用）》等进行处理外，淘宝直播平台还将依据本规则对违规用户进行相应处理，处理措施包括：

图1–20 淘宝规则（续）

此外，我们要严格遵守直播平台的法律制度，共同营造良好有序的电子商务市场，进而推进其规范化的发展。我国在2016年颁布了《互联网直播服务管理规定》。以下为规定的节选，如图1–21所示。

互联网直播服务管理规定 [2]

第一条为加强对互联网直播服务的管理，保护公民、法人和其他组织的合法权益，维护国家安全和公共利益，根据《全国人民代表大会常务委员会关于加强网络信息保护的决定》《国务院关于授权国家互联网信息办公室负责互联网信息内容管理工作的通知》《互联网信息服务管理办法》和《互联网新闻信息服务管理规定》，制定本规定。

第二条在中华人民共和国境内提供、使用互联网直播服务，应当遵守本规定。

本规定所称互联网直播，是指基于互联网，以视频、音频、图文等形式向公众持续发布实时信息的活动；本规定所称互联网直播服务提供者，是指提供互联网直播平台服务的主体；本规定所称互联网直播服务使用者，包括互联网直播发布者和用户。

第三条提供互联网直播服务，应当遵守法律法规，坚持正确导向，大力弘扬社会主义核心价值观，培育积极健康、向上向善的网络文化，维护良好网络生态，维护国家利益和公共利益，为广大网民特别是青少年成长营造风清气正的网络空间。

第四条国家互联网信息办公室负责全国互联网直播服务信息内容的监督管理执法工作。地方互联网信息办公室依据职责负责本行政区域内的互联网直播服务信息内容的监督管理执法工作。国务院相关管理部门依据职责对互联网直播服务实施相应监督管理。

各级互联网信息办公室应当建立日常监督检查和定期检查相结合的监督管理制度，指导督促互联网直播服务提供者依据法律法规和服务协议规范互联网直播服务行为。

第五条互联网直播服务提供者提供互联网新闻信息服务的，应当依法取得互联网新闻信息服务资质，并在许可范围内开展互联网新闻信息服务。

图1–21 《互联网直播服务管理规定》

法律规则心中有，直播热门无人阻。不良主播不可有，随着互联网直播监管力度的加大，一些不良主播将受到严厉打击。所以，法律规则无论是对于平台还是主播来说，都一定要铭记于心。

第2章

直播+模式：深耕垂直领域，激发更多潜在用户

“直播+”模式让用户在观看直播的同时，轻轻松松找到想买的物品。主播直播生动有趣，“直播+”模式精准有效。“直播+”带给用户更深入的产品讲解，更细化的产品推广，让品牌商从更深领域挖掘客户。本章主要介绍直播的多种常见模式，帮助各行业人员深耕垂直领域。

2.1 “直播+”纵深发展：让行业的价值进一步释放

“直播+”模式就是指将直播技术与公益、电商、农业、音乐、电竞和教育等领域相结合，如此细化的市场以及深入垂直的领域，共同推动了直播平台向更深产业端逐渐渗透。

细化的直播内容，既能保证平台内容的及时更新，也能提升产品的品质，同时增强平台与用户之间的黏性，赢得用户的信任感，获得更忠实的用户支持，为平台的发展和之后产品的销售做好铺垫。

各大行业在“直播+”的模式下，也能获益更多新的经济增长点，与直播平台实现共赢。这种多样化的发展，使得平台突破原有的直播流量红利消失的瓶颈，也让各大行业获得了新的销售传播途径，进一步释放行业的价值。

2.1.1 细化市场定位，深耕垂直领域

面对互联网不断更迭，以及不断增长且细化的用户需求，直播平台需要细化自身的市场定位。只有对市场需求精准地挖掘，才能使直播取得更好的效果。图2-1所示为“直播+”模式的主要概要。

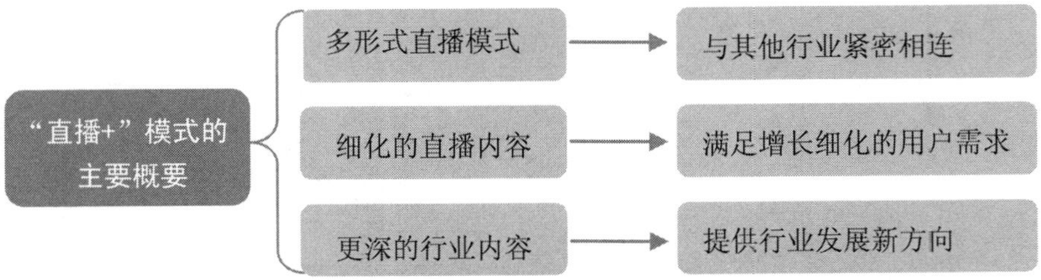

图2-1 “直播+”模式的主要概要

在这样一个“千人直播”的时代，人们对网络千篇一律的传统直播模式习以为常，而“直播+”的模式，将直播与其他行业紧密相连，为自身的发展提供了新的选择和方向。

单一的直播模式早已让人们失去了新鲜感，而“直播+”模式将直播形式对准更深的行业领域，并成为此行业的传播途径，既能满足用户对直播的不同需求，也能让自身的发展获得更多机会。因此，我们需要细化自身的市场定位，深耕垂直领域。

例如，游戏直播在直播中侧重相关游戏以及其衍生品的销售，如热门的斗鱼直播、虎牙直播。在销售产品中除了提供用户打赏之外，还可以提供一些游戏的相关产品，如游戏客户端、游戏礼包、虚拟道具，以及人物相关的模型等游戏周边。图2-2所示为游戏直播模式的解释。

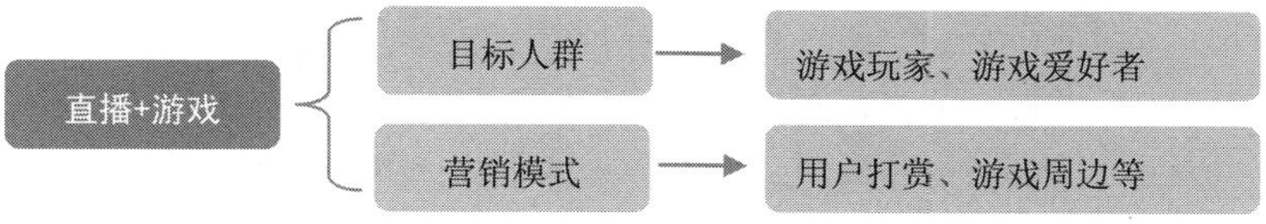

图2-2　直播+游戏

2.1.2　推动直播平台向产业链各端渗透

“直播+”模式是与各大行业之间的合作，在细化自身定位之后，选择相应的行业领域，能推动直播平台向产业链各端的深入。直播平台对产品进行销售，直播时的互动反馈，使得品牌及时、准确地获取用户需求，同时能加大品牌产品的投放量。

“直播+”模式不仅推动了直播平台与产业链各端的沟通与联系，也渗透到产业链的各端。

产业链可划分为三个部分：第一部分为品牌，供应链，主播；第二部分为负责沟通连接的平台和服务，平台负责运营，是传播的载体，服务负责维系用户与平台之间的关系；第三部分为用户。

在“直播+”模式中，直播平台与用户之间的互动加强了平台与品牌之间的联系，推进了直播平台向产业链各端渗透。

2.1.3　促进平台内容创新和产品创新

“直播+”模式因为用户人群精准，用户的需求也更为精准，精准的需求有利于促进品牌内容的创新和产品的更新。

例如淘宝平台。淘宝上拥有大量的淘女郎和模特，这些淘女郎各自拥有自己的粉丝和流量。在与粉丝的交流与互动直播中，可以直接给粉丝推送产品。直播期间，主播可以采取优惠券、点赞等多种形式活跃直播氛围，吸引用户关注和及时更新直播内容，如图2-3所示。

图2-3　直播+电商

直播技术与行业的产品生产相结合，将直播的互动性带入产业生产，依据及时的互动反馈促使产品创新。

当平台在进行直播时，后台运营可根据用户的点击率高低来进行直播首页内容的筛选，更新平台的推送，所以直播有利于平台内容的创新。

在直播+电商模式中，销售商品时显示的弹幕信息也让品牌方及时看到用户的需求，从而研发并更新品牌产品。

2.1.4　有利于增加直播平台的用户黏性

“直播+”模式通过细化对用户的获取更为精准，以直播+电商的形式为例，依据用户不同的风格/体型，对直播内容进行划分，进而提供不同的搭配风格，根据用户不同的需求推荐不同的产品。

可以通过不同“标签”对不同的人群进行吸引，如甜美、轻熟、森系等，如图2-4所示，淘宝商家就是通过“标签”来吸引用户点击的。

图2-4 “标签化”直播

细化的直播内容和详情的解答，使得用户更快、更仔细地了解该产品，极大地提升了用户的购买体验。

“直播+”模式不仅能准确满足用户的内在需求，降低用户的购买错误率，还能增强用户与平台之间的连接性。

2.1.5 为其他行业带来更多新的增长点

传统的销售方式，例如电视购物，主要通过主持人讲述，但是“直播+”形式的销售是互动的，主播和用户可以通过弹幕相互交流。从主播的角度而不是由主持人来介绍该产品，因为两者之间的信任促使用户购买，这样的方式有利于商品价值的变现，为行业经济发展提供新的增长点。

“直播+”模式的销售是依托直播为手段，更加确保了商品的真实性，5G技术下视频变得可扩大缩小，方便用户更仔细地观察产品。

例如，农业这样的传统行业，一般是通过现场销售或者对周边城区进行销售，但是通过“电商+农业”的模式，促进了农业商品的产品推广，扩大了农产品的销售范围。

2.1.6 为直播平台及合作行业带来双赢机会

以“直播+电商”形式为例，将直播内容与商品相关联，不仅方便了用户购买，也能节省销售成本。利用“直播+电商”模式，能依靠主播的流量，达到商品短时间的“促销效果”，同时也能为热衷网购的年轻人所青睐，让用户在观看直播的同时，潜意识接受产品并购买，效果好的直播几乎能让某一产品脱销。

无论是平台还是合作的品牌，都能因此模式获益。对平台来说，能加速流量变现。用户越喜爱，平台直播的观看者越多；平台越火爆，点击量和流量也就越多，流量变现越迅速，如图2-5所示。

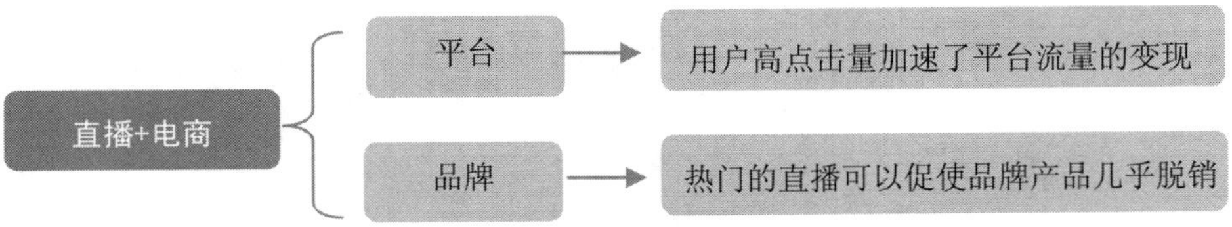

图2-5　直播+电商

平台自身的市场定位在合作中尤为关键。例如蘑菇街，主要针对女性服饰。不仅能提供细致精准的服务，还能让用户获得有关知识，从引导用户到培育用户，进而确保平台的流量。

2.2　“直播+”模式：多样化发展，突破天花板

“直播+”的模式打破了原有的平台面对流量红利流失的困境，也推动了合作行业发展。“直播+”模式有以下几种直播形式，如图2-6所示。

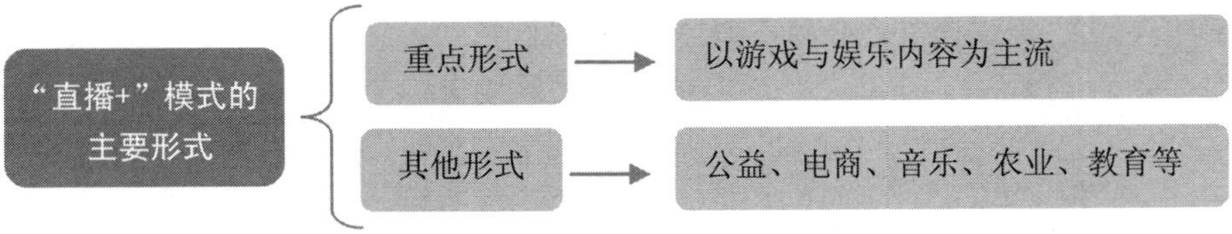

图2-6　“直播+”模式的主要形式

2.2.1　布局重点：以游戏与娱乐内容为主流

即使在快节奏的生活中，用户也可以利用碎片化的时间，在直播中选择自己感兴趣的游戏或娱乐内容，放松自己，消除长时间工作的疲劳，还能获得相关知识。

在“直播+娱乐”的模式里，它打破了常规娱乐节目的排演和剪辑，更多地将节目的真实性还原在用户面前，与此同时，虚拟物品的打赏也激发了用户的参与感，通过主播与用户之间的互动，增强了节目效果。

其中，“直播+娱乐”模式下的知名平台，如YY直播，该平台涉及的领域极广。图2-7所示为YY直播的分类。

图2-7　YY直播的分类

其中经营最久的是游戏，当用户因长时间观看游戏直播而感到乏味时，还可以选择答题、对战游戏等，衍生功能不仅全面，而且具有趣味性。

虎牙平台与斗鱼平台都是以游戏、娱乐秀场为主要内容，并且在游戏直播中，两个平台都是领先的直播平台。

相对于“直播+娱乐”，“直播+游戏”的规模不仅更大，而且增速更快。B站和快手加入其中，并且B站和《英雄联盟》签订了三年的独家直播协议。图2-8所示为英雄联盟赛事现场。

图2-8　英雄联盟赛事现场

为了进入游戏市场，快手也推出了“百万游戏创作者扶持计划”，给予平台内的创作者更大的曝光和流量市场，并为直播时间长的主播设置了奖金，为普通的、具有发展潜力的主播提供支持。

虎牙作为游戏直播领域的领先平台，产品直播主要处于PC、Web和移动客户端，拥有300个特色频道，总共有四大类别：网游竞技、单机热游、娱乐天地、手游休闲，如图2–9所示。

图2–9　虎牙平台四大类别

同样，虎牙在《英雄联盟》赛事直播权上，继续同拳头游戏签署了战略合作协议，协议中虎牙获得了2020年至2022年三年电竞比赛的独家直播权，四大电竞比赛分别为韩国LCK赛事独家中文转播、北美英雄联盟冠军联赛（LCS）、欧洲冠军联赛（LEC）和国内联播（LPL）。图2–10所示为虎牙获得四大联赛直播的海报。

图2–10　虎牙获得四大联赛直播的海报

2.2.2 直播+公益：传播社会公益正能量

在直播中，我们也能看到公益活动。“直播+公益”是指利用线上直播的方式在线下进行公益活动。借助互联网的迅速传播和普及性，传递正能量。在直播公益中也存在一些不实的直播内容。例如，直播利用公益作为噱头，吸引用户捐赠，但将捐赠金额收入囊中，此类不实的直播我们要杜绝。

“直播+公益”的模式可以细化到以下几个领域，如扶贫、医疗健康、传统文化、留守儿童以及各类道德模范先锋人物等，公益直播的每一个模块都能吸引不同的人群。

公益项目覆盖面广，例如，关爱某地区的留守老人、为留守儿童献爱心、关注残疾人或其他特殊人群，目的就是为需要帮助的人群献上温暖，同样还有一些其他传播社会正能量的直播，如《以拥抱每一个陌生人》为主题的直播等。

在公益直播间内会设有“公益爱心箱”等募捐链接，观看时只需点击图标，就能进行爱心捐赠。公益直播的出现让公益变得更直接，大大简化了传统公益所需要的程序。这种新型的公益形式使得许多有需要的人群得到了社会的关怀和帮助，也让越来越多的观众了解到公益项目，并让更多的人参与进来，共同支持慈善事业的发展，在某种程度上既加大了社会关怀，也推动了社会和谐、友爱发展。

以斗鱼平台为例，为推行公益，斗鱼直播策划了“鱼你同行，造梦公益”大行动，并设有“斗鱼公益直播团”，如图2-11所示。众多平台的共同参与，让公益直播变得日趋规范化、专业化。

图2-11 斗鱼公益直播团

同样在2020年3月23日，广西新闻网就与拼多多平台进行了合作，推出了《"益"起脱贫》直播公益节目，如图2-12所示。

图2-12 《"益"起脱贫》直播公益节目

这样的节目，替面临产品，滞销的农民解决了难题。首场直播赢得了100多万用户的关注，整场下来累计卖出超2.5万千克田东圣女果，交易额超过20万元。这样的直播属于"直播+扶贫+电商"。

2.2.3 直播+电商：让用户融入购物场景

"直播+电商"将直播与电商相结合，让用户在观看直播的同时更精准地找到所需用品，借助AR、VR技术更是让用户轻轻松松在家购物。不止是购物，还能收获更专业的产品知识，专业的知识讲解和主播的亲测体验，让用户购物变得更高效。

以淘宝直播为例，根据阿里巴巴2019年第三季度财报内容显示，在中国零售市场上，2019年的移动月活跃用户达到8.24亿，比同年9月增长了3 900万。并且截至2019年12月31日，年度活跃消费者达到7.11亿，如图2-13所示。

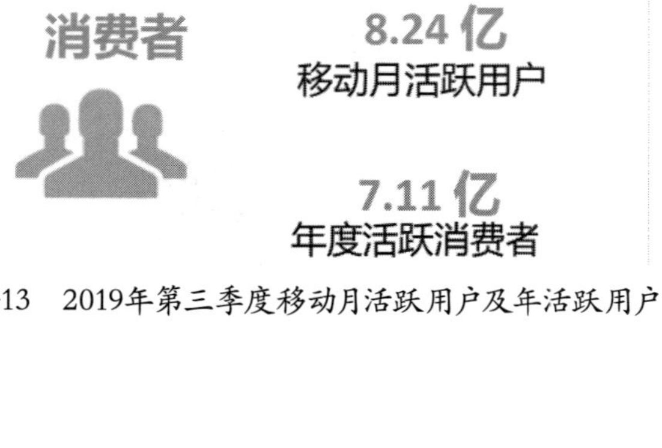

图2-13 2019年第三季度移动月活跃用户及年活跃用户

其中，淘宝直播已成为最快速、最有效的营销模式之一，在2019年12月，淘宝用户观看直播的月活跃数量以及网站成交额，均同比增长超过一倍。

在“直播+电商”模式下，需要注意两点：一是主播的选择，主播的人设应贴合品牌的主题，品牌借助主播的形象更好地诠释自身的产品，进而让用户更容易理解并促进产品价值变现。品牌也要坚持自身的市场定位，培育属于自身的品牌美学。

二是在“直播+电商”模式下，离不开精细化的管理模式，将用户进行细分，给予不同的产品和服务，精准营销。例如，可以建立社群，社群的建立和维系既可以更好地接收用户的需要，增强互动，也有利于培育忠实的老客户。

除了淘宝以外，当前许多热门的平台都可以进行“直播+电商”模式，如京东、拼多多、小红书、蘑菇街、抖音和快手等。多元化的平台让越来越多的人，包括许多中小企业和个体商家都能参与直播，共同促进了全民带货时代的到来。图2-14所示为蘑菇街的个体商家直播。

图2-14　蘑菇街的个体商家直播

无论你是品牌还是代理人，或者是其他个体，都需要确定自身定位，营造和培育自身品牌美学，善用“标签”，精准销售、细化管理，都可以高效促使你的产品价值变现。另外，社群的建立可以加快用户的转化，让潜在用户或初次购买者转变为忠实用户，进而提高产品的复购率，还可以带来更多的新用户。

2.2.4 直播+农业：促进农业经济的发展

根据国家邮政局数据显示，截至2019年，乡镇级快递覆盖率已达到95.22%，多种形式的快递末端网店达到8.66万个，如此便捷的物流运输使得农产品的销售更加便捷。

借助直播平台这样大流量且广覆盖的载体，让农产品得到进一步的推广。此外，直播形式要比传统的电商更为便捷且有效，因为它改变了原本单一、被动地等待用户的模式，变成了主动展示产品。在“直播+农业”模式中，特色农产品走进了更广阔的市场领域，让更多用户了解到了中国各地的特产。针对有特色农产品地区的人，可以采用此模式。

有许多平台都采用了此模式，例如，淘宝直播在三月推出的“春播月”活动，各地的县市长担任主播推出了各地特产。还有“村播”，在村播栏下可以看到各地的特色农产品，如图2-15所示。

图2-15　淘宝“村播”

在图2-15中任意点击一个直播视频，即可浏览到不同地区的特色产品，如图2-16所示，可以看到当地的主播为你介绍不同的特产。

图2-16　特色农产品介绍

在传统的小农经济中，农产品多数出现于市场或具有流动性的小商贩手中。在“直播+农业”的模式下，将进一步促进农产品的集中化、产业化、产品标准统一化，更有利于形成自身产品的产业链，还能解决流动商贩销售途中的损耗，以及农民就业和地区脱贫等问题。图2-17所示为农产品销售的两大类型。

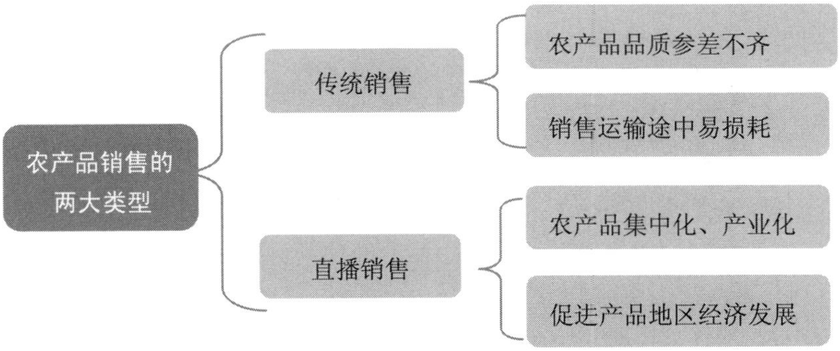

图2-17　农产品销售的两大类型

2.2.5　直播+音乐：形成多样的分发渠道

音乐收听的渠道可以通过唱片、音频、视频以及现场演唱会等，音乐直播是将音乐运用直播的形式进行传播，可以直接让音乐通过直播进行发行，形成多种多样的音乐分发渠道。

网易云推送的LOOK直播，就是一个实行“直播+音乐”模式的直播平台，LOOK直播具有四个模块，分别为听听、看看、派对和关注。在这些板块下，有不同的标签，例如音乐人、唱见、二次元等。图2-18所示为网易云LOOK直播标签。

图2-18　网易云LOOK直播标签

音乐直播对主播的才艺要求较高，受众也多为年轻用户，并根据不同风格的音乐进行划分，直播黏性极高。音乐人借助音乐直播平台获得了更多的流量曝光与收入，部分音乐人通过音乐直播年收益高达50万元，甚至100万元。

网易云为扶持音乐直播板块，也推出了大量的音乐计划，例如，依靠平台资源重点扶持100家公会，创作学院征集类活动，如图2-19所示。对于独创音乐人来说，投稿还能获得专栏推荐，获得双重曝光的机会。对于校园音乐人来说，也有“南院北校”计划，如图2-19所示，针对不同的用户拥有不同的选择。

图2-19　“创作学院”与“南院北校”计划

2019年入驻网易云音乐的音乐人总数已超过10万，另外网易云还推出了“云演出”和“云蹦迪”。QQ音乐也推出了“TME Live”模式，让用户在移动设备上感受高品质的演出体验。

2.2.6 直播+电竞：电竞发展中的衍生品

当电子游戏达到竞技比赛的层次时，便成为电子竞技，也就是电竞，电子竞技开始于任天堂举行的世锦赛。“直播+电竞”主要以英雄联盟、魔兽世界、炉石传说、Dota2等热门电竞为主。热门的竞赛例如LPL（英雄联盟职业联赛）、LDL（英雄联盟发展联赛）。图2–20所示为2020英雄联盟职业联赛春季赛。

图2–20　2020英雄联盟职业联赛春季赛

电子竞技不等于网络游戏，电竞属于体育运动项目，网络游戏则是娱乐游戏。

国内电竞城市分为三级，超一线电竞城市只有上海；一线电竞城市包括北京、重庆、广州等；二线的电竞城市较多，如深圳、南京、长沙等，其中华东地区是最发达的电竞区域，因为有13个电竞城市。

有电竞比赛自然就有电竞俱乐部，国内的电竞俱乐部主要有WE、IG、LGD、RNG等，上海是拥有电竞俱乐部最多的城市。在电竞比赛中也有一些热门人物，例如，LOL英雄联盟比赛中的有韩国的faker、中国的UZI，相信很多人都有所耳闻。

在电竞直播平台，例如虎牙平台，针对电竞直播推出了4K+60帧超高清直播“三件套”，为用户提供了超高清的电竞赛事直播。

斗鱼和天翼云VR共同合作推出了VR+多视角模式观看直播，三视角VR体验房运用高视角、左视角以及主视角让用户全方位体验直播，沉浸于独特又真实的观赛氛围，如图2-21所示。

图2-21　VR多视角观看

2.2.7　直播+教育：在线教育的“加速器”

“直播+教育”的模式打破了传统教育所具有的个别地区优势局限，将一二线城市的教育通过直播的形式普及到三四线城市，将一二线城市优质的教师资源共享到三四线城市，弥补教育资源的失衡，为三四线城市孩子的教育问题提供了解决方案。

另外，在线教育的普及，为想要提高成绩的学生提供了资源，满足学生想要冲刺、考上好学校的需求。

如何做好教育直播的知识分享，首先教育直播不同于传播课程，因为平台上有众多的直播，想要从中脱颖而出得到更多流量，必须要有其特性或吸引性。教育直播的类型有很多，并不局限于学校的教程、琴棋书画，也可以是生活中的常识、服装搭配、运动健身等技能。

在教育直播内容的安排上，要具有趣味性。例如，科普类知识，在许多人眼里，科学、数学、物理或许枯燥乏味，所以在此类直播中，我们就需要把科学的知识趣味化、通俗化；也可以将它与历史学、哲学、社会学或其他学科结合起来。同样可以提出一些趣味性问题与用户互动，引发用户自主思考，调动用户的积极性。此外，还可以利用手绘方式进行科普，如图2-22所示。

图2-22　手绘形式

直播中要找准你直播的接受群体，根据群体的特性制定内容。例如，幼儿教育，需要大量趣味性的图片以及夸张的肢体语言，生动活泼的形象更能吸引幼儿的目光，也更容易被幼儿接受，并且语言上要生动，太过枯燥的东西往往无法吸引小朋友的注意力。图2-23所示为幼儿教育视频。

图2-23　幼儿教育视频

为推行“直播+教育”模式，B站还特别设置了学习区，如图2-24所示。

图2-24　B站学习区

在线教育的发展大致经历了三个过程：第一个时期是传统网校音频+flash课件的1.0时代，例如101网校；第二个时期是进入了O2O大潮视频录播2.0时代；第三个时期是如今全民直播的3.0时代，如图2-25所示。

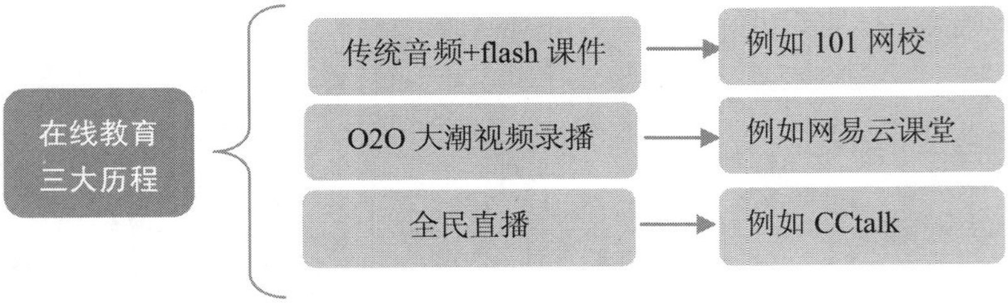

图2-25　在线教育三大历程

直播教育利用直播平台的弹幕形式，解决了学生与老师之间的互动问题，增强了课程的交互性，弥补了传统教育师生之间两者对立，缺少互动的缺点，同时直播课程所带有的回放功能，可以让学生针对不懂的知识点进行反复回顾，如图2-26所示。

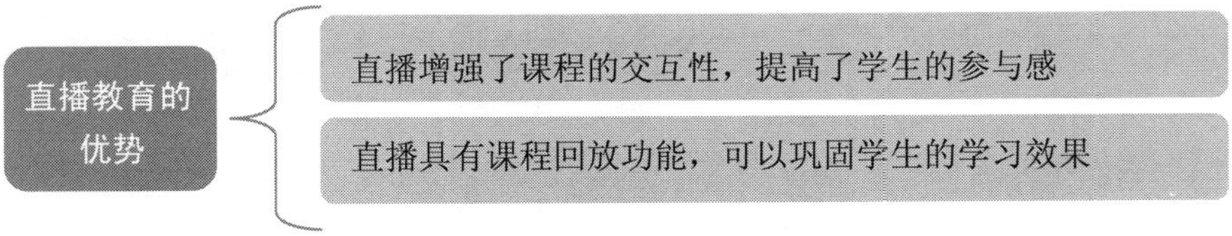

图2-26　直播教育的优势

“直播+教育”模式对用户有三大好处，如图2-27所示。从知识分享者角度来分析，教育直播可以让其个人的才能得到提升和增值，通过平台，可以传递给千万用户，从而提升了主播的个人才能。

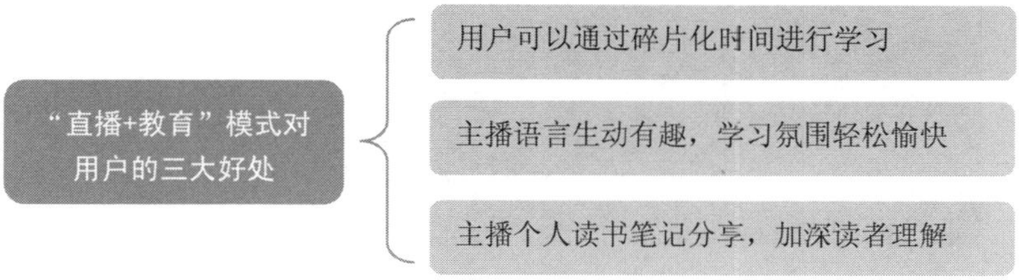

图2-27 “教育+直播”模式对用户的三大好处

2.2.8 直播+科技：推动直播行业玩法创新

“直播+科技”中的科技可以是5G技术、AI技术或者4K或8K高清技术等。以AR技术为例：在2019年搜狐科技AI峰会上就为我们展示了一位AI主持人“雅妮”，她的外形和语音素材来源于真人主持人李雅妮，采集之后根据系统模拟训练出来，但从现场来看，她的形象十分接近于真人，如图2-28所示。

图2-28 AI主持人雅妮

在2019年庆祝澳门回归祖国二十周年文艺晚会上，央视运用5G+4K技术进行了高清庆典直播，实时、超清地将庆典呈现在全国观众的眼前，如图2-29所示。

高清是指画面的分辨率，即4 096×2 160像素的分辨率。4K分辨率之下，用户可以看清直播画面的每一个细节，再结合超真实的音效，现场感十足。

图2-29　庆祝澳门回归祖国二十周年文艺晚会运用5G 4K技术

2.2.9　直播+旅游：打造更多“网红”景点

将旅游在直播的形式下进行，可以加快推进旅游业的发展。这种体验式的旅游宣传，可以全方位记录旅游的全过程，既加深观看者对旅游的认识，提高旅游品质，吸引更多新用户的加入和支持，也有利于旅游文化的传播。

在旅游直播中，可以采取以下方式：让用户在观看的同时进行有奖问答，被抽取的观众可获得当地特色的旅游产品。这样既加强了观看者与主播的互动，也有利于提高观众的积极性与参与感。

先让观众了解当地的特色文化，进行线上“云旅游”，再激发观众线下行动。

对于“旅游+直播”模式的形式可以有以下几种：一是采用真人秀模式，即邀请一些素人参加此次旅行；二是邀请明星或者网红参加节目。许多旅游App以及各大旅行商家也进行旅游直播，飞猪和淘宝曾携手在淘宝平台上推出过“云春游”计划，如图2-30所示。

图2-30　淘宝“云春游”计划

在这个计划中，不仅包含许多地点，许多博物馆也加入了该计划。让我们在领略各地风景之时，也体会到其文化的韵味，如图2-31所示，带你走进中华航天博物馆的世界，感受中华航天历史的发展脉络。

图2-31　中华航天博物馆

不仅如此，对于小朋友，之前也推出过大熊猫直播，直播的地点是四川成都的大熊猫繁育研究基地。森林野生动物世界、海洋公园也都在活动之中，还可以“爱心认养”在青岛的野生野生动物园里“云领养”，成功后拥有免费无限次游园权益，期限一年，这样就可以见到你所领养的小动物了。

在“旅游+直播”内容中，可以从以下几点出发：

（1）提供旅游线路图。旅游路线安排可以从不同的角度呈现，不同旅行线路图的不同效果。如图2-32所示为不同旅行路图的安排指南。

（2）可以某一特定主题进行策划宣传，例如，云南推出的100种虫子的试吃，满足用户猎奇的心理。从每日一则当地特色故事的角度进行直播，也是不错的选择。

（3）选择具有针对性的主播进行直播。不同的人群作为主播，具有不同的直播效果，如图2-33所示。

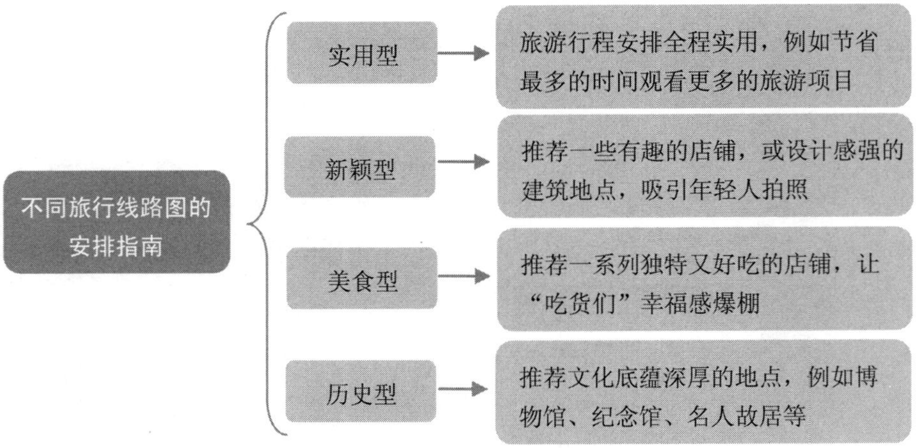

图2-32　不同旅行线路图安排

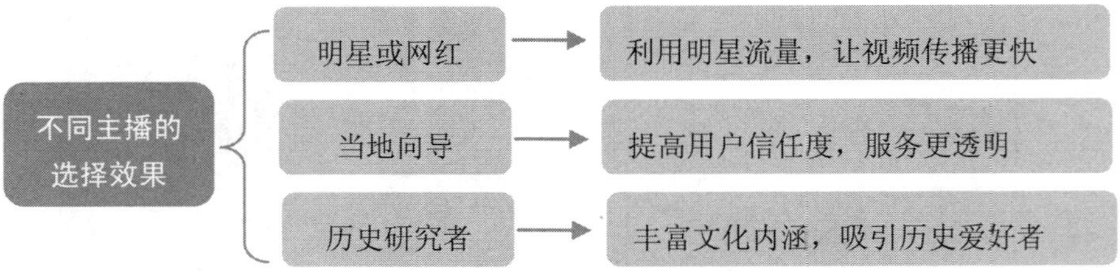

图2-33　主播选择

针对性的主播，配合有目的的策划内容，让旅游景点更火热，进而打造出更多的网红景点。

2.2.10　直播+答题：流量裂变传播的互动模式

直播答题赢取诱人的奖金让用户心动不已。央视就曾与快手携手在2019年跨年期间举办了“快手状元”的直播答题互动活动。除此之外，还设置了“煮酒论英雄”专题，如图2-34所示。

直播中所选的题目也多为常识题或时事热点，在答题过程中不会让用户感到困难而泄气，并且随着答题的进展，设置的奖金也层层增加，让用户感官上获得兴奋和刺激。

这种直播加答题的模式，既满足了人们在生活中对知识的渴求，也能让参与者在答题的过程中，因答对而获得满足感、成就感，即使失败了也会得到知识的扩充，同时带动了人们在闲暇时进行学习。

图2-34　快手状元和煮酒论英雄

虎牙平台也推出了《朋友请听题》活动，增设了趣味的科学知识，如图2-35所示。

图2-35　朋友请听题

花椒平台推出了《百万赢家》节目，共十二道题，涉及范围却极广，包含人文、天文、娱乐、体育，并根据场次设置了不同难易的题型，如图2-36所示。

图2–36　花椒《百万赢家》

“直播+答题”的形式，门槛较低，但奖金丰厚，人们热情高涨，因此在用户黏性上具有很强的优势。时事性的答题让人们更快地了解国家大事、传播社会正能量。其他不同类型的答题还能增加人们的知识储备。

因此，题目的策划是直播答题的重点。在题目设置上，需要具备科学性。可以将题库进行划分，针对不同的人群划分成不同的板块，例如文学类、科学类、时事类等，划分不同板块的答题有利于不同人群的点击。对于年轻的用户可以是热门影视或者电影，对于涉及面广的用户可以进行综合答题。除此之外，还可以进行生活常识类答题，适合富有生活经验的人群。

面对国家对直播平台的规范不断加强，“直播+答题”这类知识技能性的直播模式具有极大的优势。

第3章

传统直播：人人皆可参与的低门槛新就业模式

传统直播分为哪些类型？传统直播的平台又有哪些？本章以传统直播为主，介绍传统直播的类型，主要分为秀场直播、游戏直播、体育直播、泛娱乐直播，同时讲述了传统直播存在的一些现象以及传统直播平台的转型，为大家提供实实在在的帮助，让你了解传统直播的相关知识。

3.1 类型：以内容划分，传统直播平台有哪些

直播种类众多，具体又有哪些类型呢？本节介绍传统直播的主要类型。传统直播以内容划分，分为四种，第一种为秀场直播，第二种为游戏直播，第三种为体育直播，第四种为泛娱乐直播。

3.1.1 秀场直播：9158、六间房、KK

秀场直播的表现形式体现在唱歌、跳舞上，主要面向三四线城市的用户，直播内容的目的大多是满足用户的猎奇心理。直播房间内设置有虚拟礼物，可通过人民币充值的形式购买，这种靠用户充值的盈利模式是平台发展的主要盈利方式。

1. 9158直播平台

9158是传统秀场直播的“开山祖师”，最初也叫“久久情缘”，图3-1所示为9158直播平台界面。

图3-1　9158直播平台界面

将KTV的形式运用于线上，但不同的是其分为免费和付费房间，付费房间一般由高颜值主播组成，但即使是付费，也享有五分钟的免费观看时间。

2. 六间房直播平台

六间房直播平台最初的运作模式来源于YouTube，之后转为直播平台。六间房的直播房间容纳量大于9158直播平台，同样为秀场直播。图3–2所示为六间房的直播平台界面。

图3–2　六间房直播平台界面

3. KK直播平台

同类秀场直播的还有KK直播平台，KK直播平台拥有许多主播，KK平台的用户达到1.4亿，主播资源超过10万人。图3–3所示为KK直播平台界面。

图3–3　KK直播平台界面

此类传统秀场直播盈利方式殊途同归，并且针对的用户群体也大体相同，主播多以女性为主，但主播资源有限、盈利方式雷同造成了主播流失或多个平台进行直播的现象，并且用户黏性不大。

3.1.2 游戏直播：斗鱼、虎牙、战旗

传统的游戏直播主要是主播现场进行游戏，它的制作成本和准入门槛都很低。不需要秀场直播所具备的跳舞和唱歌，只需要游戏技术精湛即可。

观看游戏直播的用户主要是游戏爱好者，用户黏性较大，但相较于秀场直播来说，游戏直播需要更高额的版权费用。传统的游戏直播平台主要有虎牙、斗鱼还有战旗，下面分别进行相关介绍。

1. 虎牙直播平台

虎牙是游戏直播的始祖，虎牙直播最初叫YY直播，是其一个分支。虎牙平台目前拥有品类众多的游戏直播，覆盖面广，游戏数量高达3 300种以上。游戏直播构成分为三大部分，如图3-4所示。

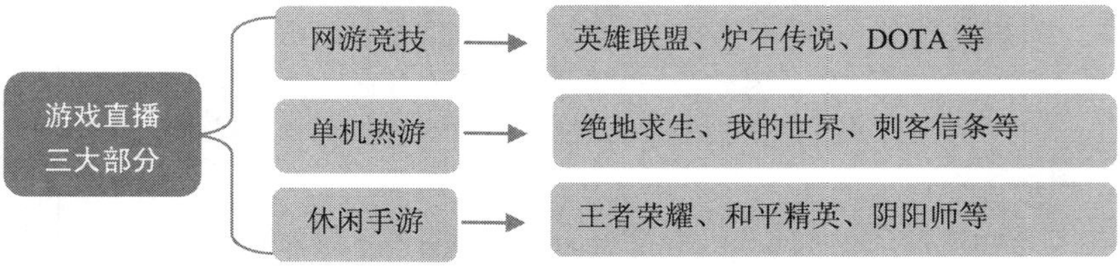

图3-4　游戏直播三大部分

图3-5所示为虎牙直播平台的首页界面。

图3-5　虎牙直播平台的首页界面

2. 斗鱼直播平台

斗鱼和虎牙是国内游戏直播的行业“领头羊”，斗鱼直播的前身为A站，2014年更名为斗鱼TV。图3-6所示为斗鱼直播的播放界面。在2019年发布的中国互联网企业100强，斗鱼直播排在第30位。

图3-6　斗鱼直播的播放界面

3. 战旗直播平台

战旗直播也是传统游戏直播平台，图3-7所示为战旗直播界面。在初期，战旗直播拥有许多优秀的主播资源，例如PDD（刘谋）、老E等，但目前平台资源并不是很多。

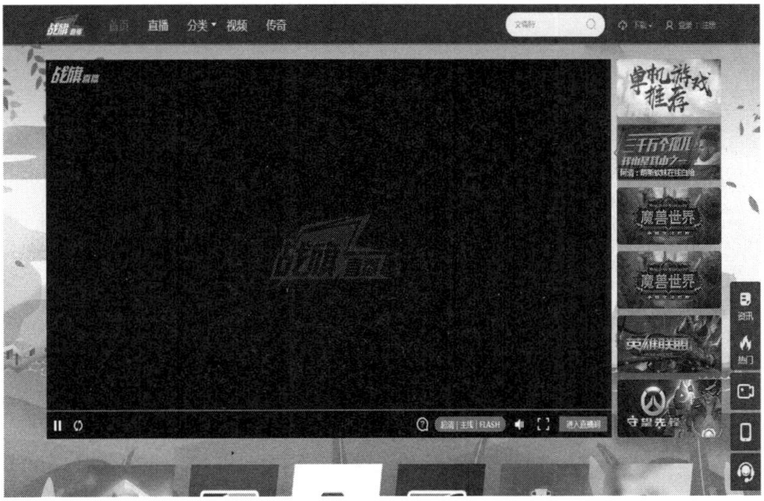

图3-7　战旗直播界面

战旗直播除了进行游戏直播外，还成立了电竞学院，叫作战旗学院，为渴望在电竞行业发展的人员提供了资源，也可以看出战旗直播注重技术型主播的培养。

游戏直播对主播的依赖性较高，主要依靠于主播的人格魅力。优秀的游戏主播要么拥有精湛的游戏技术，要么具备说话风趣幽默的技能等其他人格魅力，因此，这样热门的主播即头部主播，往往会成为各大平台竞相争取的资源。

高质量的主播资源能给平台带来极多流量，但正因为资源的稀缺，造成在游戏直播中各类挖墙脚和跳槽的事件频频发生，平台主播极不稳定，导致游戏直播的盈利也并不算乐观。

3.1.3　体育直播：直播吧、风云直播吧、其他

传统的体育直播包括体育赛事直播和电子竞技直播，主要针对球迷或运动爱好者，例如篮球、足球、斯诺克、网球、排球等。热门的体育直播赛事主要有NBA、CBA、世界杯、英超等。体育直播平台的出现，让这些运动爱好者也成为赛事解说员，再利用自身的知识和风趣的语言来吸引用户观看直播。

1. 直播吧

直播吧平台为用户提供了大量赛事状况，以足球和篮球赛事为主。图3-8所示为直播吧网页首页。

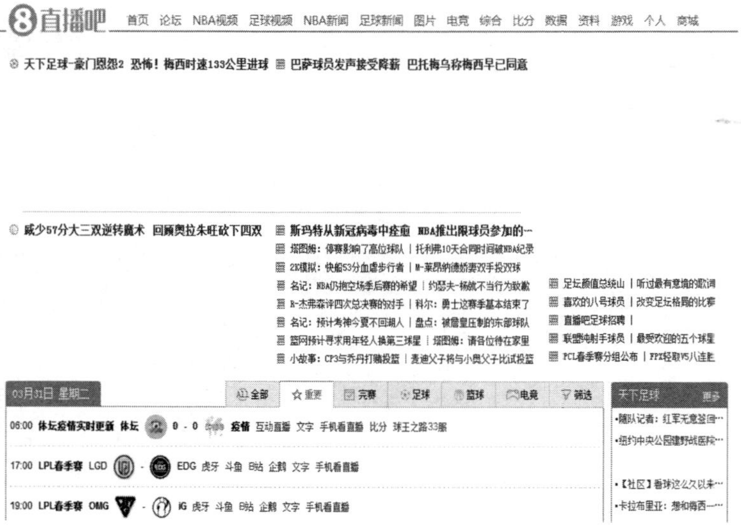

图3-8　直播吧网页首页

直播吧的第一个板块是关于运动的新闻或赛事等资讯，新闻下方为比赛赛事，赛事后会显示可观看的平台，满足球迷对赛事资讯的需求。

2. 风云直播吧

风云直播吧主要以足球赛事为主，除了赛事，还有全程视频和赛场集锦。图3-9所示为风云直播吧的首页。

图3-9　风云直播吧的首页

3.1.4　泛娱乐直播：YY、映客、花椒

泛娱乐直播的内容以娱乐为主，与秀场直播和游戏直播不同的是，兴起于移动端，主要满足用户在工作学习之余进行放松与消遣，内容轻松愉快，并且可以通过移动端可以随时观看。

泛娱乐的受众相较于秀场直播、游戏直播、体育直播来说，受众面更为宽泛，用户人群类型更多，因此在针对的人群上具有数量优势。

1. YY直播

早期的YY主要作为语音软件，也称为欢聚时代，用于游戏玩家进行语音沟通。图3-10所示为YY直播的界面。YY的直播以娱乐为主，其娱乐模块里包括音乐、舞蹈、脱口秀、二次元、美食、体育等类型。

YY直播除了娱乐直播外，还具有社交属性，并且在直播中主播可以与用户进行游戏或讨论美食等活动。

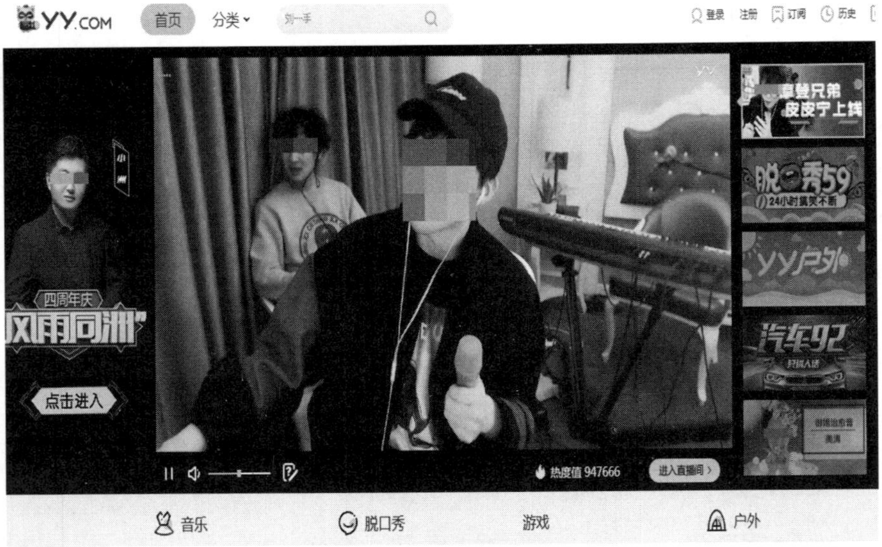

图3-10　YY直播的界面

在YY直播中设有公会，公会的主播以娱乐为主。公会分为三个组成部分，分别为金牌公会、星级公会、普通公会，如图3-11所示，公会的成立相当于小型娱乐公司，为YY直播经营主播管理分担任务。

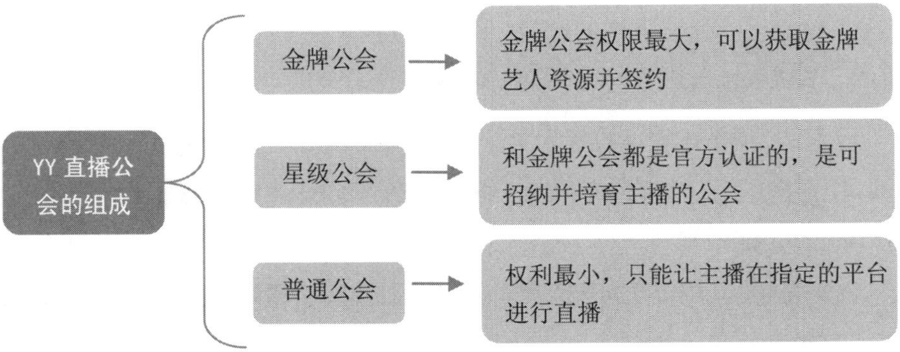

图3-11　YY直播公会的组成

2. 映客直播

同样进行娱乐视频化的平台还有映客，在映客App内可以浏览许多女主播，映客直播首页分为三个模块，分别为附近、推荐、发现，在模块下又分为不同的标签如音乐、校园、脱口秀、男神、舞蹈、新颜，如图3-12所示。

图3-12　映客直播的首页

主播可以利用闲暇时间进行直播，作为副业，用户在直播平台上也可以通过与主播的交流互动进行消遣，满足社交需求或情感需求。

3. 花椒直播

在2018年，花椒直播与六间房重组为花椒六间房集团。图3-13所示为花椒直播的首页页面。

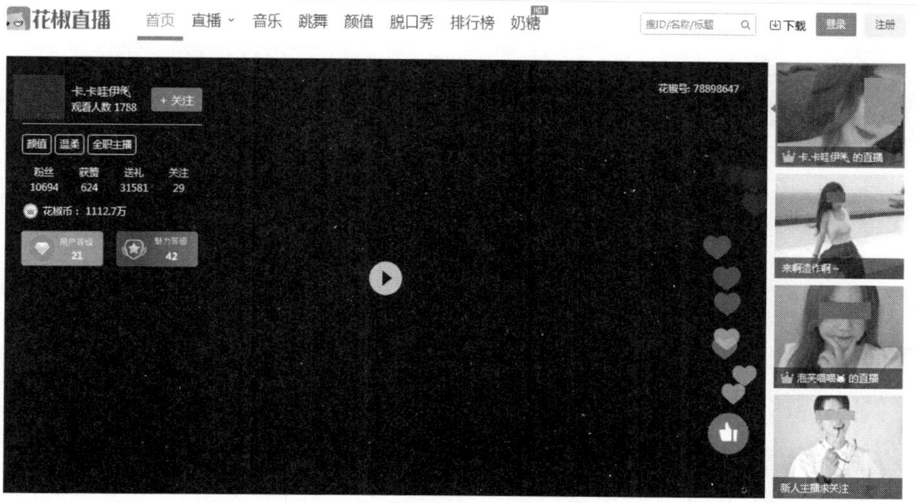

图3-13　花椒直播的首页页面

3.2 竞争：创新服务内容，增强用户黏性

无论是秀场直播、游戏直播、体育直播、泛娱乐直播，都面临着主播资源以及用户黏性的问题。既然人人都能做直播，那么什么样的直播才能吸引用户，避免流量流失呢？如今各大直播平台都面临这样的问题，并纷纷采取措施，优化自身平台的直播内容，进行用户流量的抢夺。

3.2.1 优质主播的争夺

各类型的直播都依赖于主播的人格魅力，无论是秀场直播还是游戏直播。通过一些网站可以看到网络主播的热度排行。图3–14所示为某网站主播排行榜。

图3–14 某网站主播排行榜

秀场直播的主播以颜值和才艺见长，所以高颜值或者才艺精湛的主播也就成为秀场直播争相抢夺的资源。主播本身自带流量，拥有优质的主播，能让平台更快获得流量资源，促进流量的变现和平台的发展。主播的流失对平台的影响极大，同样主播的行为也会影响平台的发展。

主播和平台互利共生，主播的好坏会影响平台的发展，因此优质的主播就成为各大平台竞相争夺的资源。

1. 游戏直播

斗鱼平台的火热与背后的优质主播资源是分不开的。例如，主机游戏中，杨树

的直播就很火。在他的直播中，每个游戏角色都极具代入感，因其在直播中絮絮叨叨的言语，他的粉丝戏称他为“传销头目”。他本身也具有很强大的人格魅力，具有自己的想法，在斗鱼直播平台上是主机游戏的人气主播。图3–15所示为杨树的游戏直播视频截图。

图3–15　杨树的游戏直播视频截图

玩英雄联盟的玩家应该很熟知PDD，PDD本名叫刘谋。他的直播凭借幽默的解说，魔性的笑声受到众多玩家的喜爱。最初在熊猫直播平台时，经常排在全平台直播热榜前五。图3–16所示为PDD的游戏直播截图。

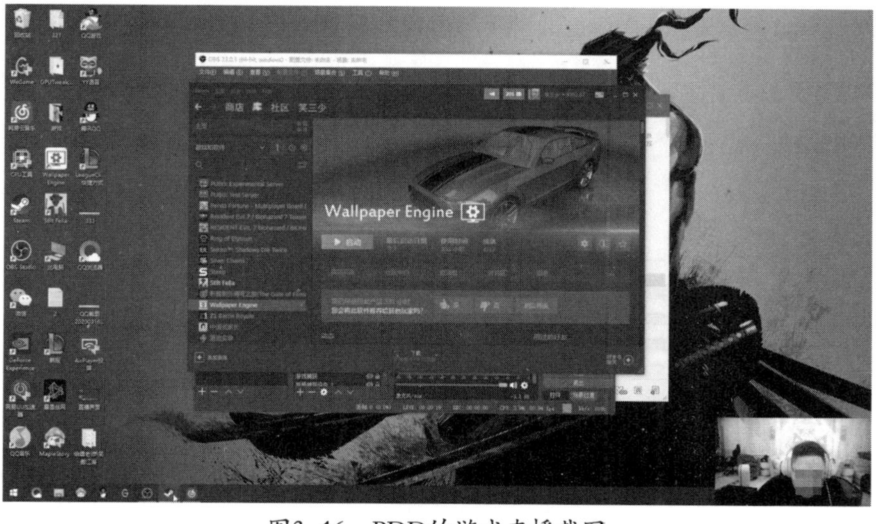

图3–16　PDD的游戏直播截图

PDD在斗鱼平台首播时，就一夜之间创下了八个第一的纪录，例如斗鱼最快达到满级的主播、首播关注数最高的主播等纪录。不难看出PDD庞大的粉丝数量以及强大的引流能力。PDD最初是英雄联盟的职业选手，在2014年宣布退役后选择成为一名游戏主播。精湛的技术和风趣的语言，使得他成为一名优质的游戏主播。

除此之外，极受欢迎的还有大司马，大司马本名为韩金龙，曾是CC战队的教练，他的直播以英雄联盟直播见长，具有很高的人气，图3-17所示为大司马游戏直播视频截图。

图3-17　大司马游戏直播视频截图

2. 电商直播

说到电商直播，不得不提“口红一哥”，即李佳琦。直播时，凭借夸张的语气和表演吸引了众多观众的注意力，并成为超级网红，在微博中粉丝达到1 310万，如图3-18所示。

图3-18　李佳琦微博粉丝量

在李佳琦的直播中，你会经常听到一些口头禅，例如，OMG，我的妈呀，买它等，这类极具特色的口头禅，让人印象深刻，并下意识地点击购买。

李佳琦直播的目标用户为热爱消费的女性，内容针对性强。在直播中根据口红色号的不同进行场景化的划分，为用户在相应场合提供了使用选择，无论是台词的选择还是表达技巧都抓住了观看者的心理，迎合了用户的需求。

3. 美食直播

美食直播的主播也分为多种类型，例如麻辣德子主播，它是抖音上最火的美食主播之一，做的菜看上去都是色香味俱全的，让人看起来特别有食欲，如图3-19所示。麻辣德子每一次做菜，都是家人想要吃的，正是这种外形看起来高大威猛、但实际上又是憨厚老实的大男人，具有刚中带柔的人物风格和魅力，吸引了很多家庭男女的关注，成为麻辣德子的忠实粉丝。

图3-19　快手浪胃仙的美食视频

还有专门在野外进行直播的。在直播中不仅品尝美食，还将制作美食的全过程录制在内，图3-20和图3-21所示为两个不同的主播进行的户外美食直播。

提醒：

在进行户外美食直播时，首先要注意食物烹饪所需要的火源，是采取钻木取火还是用已燃烧的火种进行点燃，还要注意检查烹饪过程中，所需要的燃料是否充足；其次需要注意的是烹饪的食物，是现场摘取，还是利用开播之前已购买的食材，对于家里有种植蔬菜的主播，现场摘取可以让视频内容看起来更具田园气息；最后在直播结束后，要记得对现场进行清理，例如火源的扑灭、垃圾的清理。

图3-20　户外美食制作的过程（一）

图3-21　户外美食制作的过程（二）

3.2.2　优质内容的争夺

优质内容对直播平台来说极为重要，什么样的内容算优质内容呢？

以游戏直播为例，游戏版权是其内容的一部分，拥有游戏的版权，就享有该游戏直播的权利和吸引该游戏玩家的目光，因此游戏的版权是平台所争夺的焦点。

随着知识经济的不断发展，游戏版权的重要性日益凸显。游戏直播以游戏为基础，主播根据游戏进行创作与再加工。与游戏直播相比，泛娱乐直播的门槛更低。门槛低导致竞争更加激烈，对内容的要求也就越来越高。除此之外，越来越多的平台都具有泛娱乐化的趋势。

1. 增加主播数量

一个优质的主播，必定具有优质的直播内容。以娱乐型主播为例，新颖的内容会吸引众多用户的点击，例如，热门的斗鱼主播旭旭宝宝，原名任怡旭，被称为国服第一红眼。在他的直播间里，时常能让用户眼前一亮，直播间中创作出许多有趣的段子，吸引用户的目光，并且在2018年作为游戏区第一的主播进行领奖。图3-22所示为“旭旭宝宝”的游戏直播。

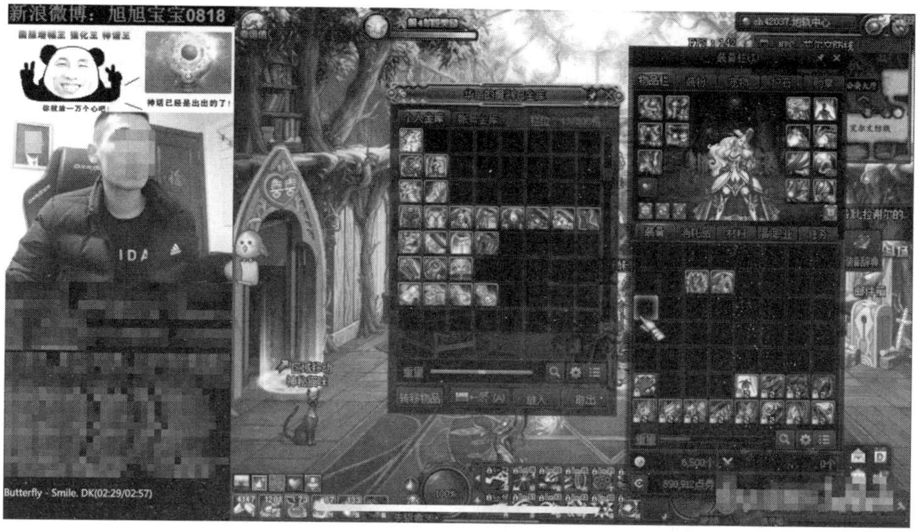

图3-22　“旭旭宝宝”的游戏直播

各个平台在争取优质主播资源的同时，也可以签约一些业余的主播，对其进行筛选，并逐渐培养成优质的主播。

2. 迎合用户兴趣

无论是商品的宣传还是直播的形式，都要从用户的角度出发，迎合、满足用户的需求。吸引观众目光和满足观众需求是直播点击率的保证，点击率的提高，也能使得直播得到更多的推广，同时保证产品的销售量。

例如，在首页页面选择用户最感兴趣的产品，在直播中，依照用户需求的程度进行介绍，或根据产品使用的频率来介绍等。

3.2.3 传播渠道的争夺

优质的传播渠道对于直播平台具有极佳的推广效果，传播渠道可以是粉丝群、微博、电视媒体、新闻报道、网页植入以及其他各类App。传播的方式有许多种，例如，在其他App内进行广告植入、进行海报宣传、H5页面推广、微信公众号以及微信小程序等。

1. 其他App内广告植入

说到广告植入，无论是小游戏的广告时间，还是其他小程序观看广告领取某些福利，经常能看见快手的广告。图3-23所示为快手极速版的短视频广告。

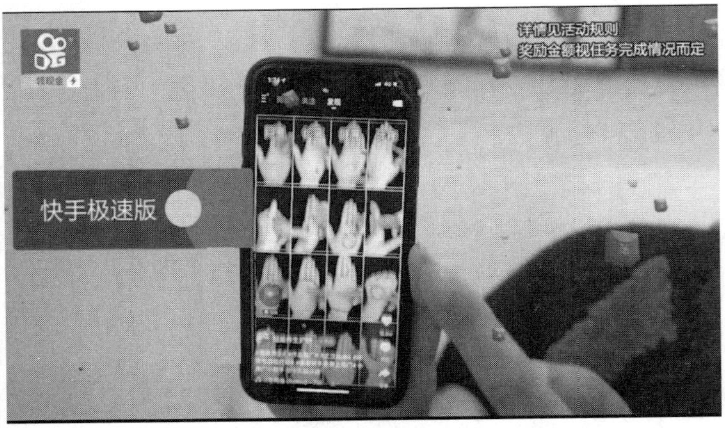

图3-23　快手极速版的短视频广告

在刷微博、微信或者知乎等App时，我们经常会看到关于直播平台的广告板块嵌入于其他内容之内，这类直播平台广告就是在其他App内进行广告植入。

直播推广的形式多种多样，快手平台就是通过短视频的形式进行推广，同样我们也经常看到抖音的短视频广告。

2. 海报宣传

在官方的微博下，都会进行相关的海报宣传。图3-24所示为斗鱼直播活动的宣传海报。

提醒：

海报也称宣传画，海报在商业中最重要的作用是让更多的用户熟悉品牌，为品牌挖掘更多的用户。海报制作的重点是提升品牌知名度，所以海报在设计上需要着重突出企业品牌，以及品牌主要的经营范围。

图3-24　斗鱼直播活动的海报宣传

3. H5活动页宣传

H5即HTML5技术，通过文字动画效果，配合图片、音频、视频等表现形式和添加互动的方法，让用户阅读和了解平台的资讯内容，例如一些平台的用户年终记录总结。图3-25所示为网易云与滚石唱片的宣传推广。

图3-25　网易云与滚石唱片的宣传推广

4. 微信小程序推广

微信的迅速发展让众多行业与其进行合作，例如增设品牌的公众号，开设小程序等。图3-26所示为虎牙直播平台的小程序以及公众号。

图3-26　虎牙直播平台小程序以及公众号

公众号的观看方便又快捷，只需点击就可以，文章内容短小精悍，让用户利用碎片化的时间就可以翻阅。小程序的使用也极为方便，不再需要前往应用商城通过下载App才能进行观看，为用户节省了下载所需的流量，便捷的操作受到越来越多用户以及各行业的喜爱。

3.3 转型：转变购物方式，让消费更简单

如何转变购物方式，让产品产生更大的销量也是直播平台所需面对的问题，本节以YY直播、斗鱼直播、映客直播为例，分析其平台购物方式的转变。

3.3.1 YY直播购：满足用户的个性化消费需求

YY直播购主要针对珠宝玩家，对于珠宝或其他轻奢品收藏爱好者来说，每一个产品都具有极大的收藏价值，但因为渠道不便，不免让一些信息被遗漏。

YY直播购将此类产品汇集于该网站，让更多的收藏爱好者了解到产品资讯，因此YY直播购的出现对于收藏爱好者来说，带来了极大的便利。图3-27所示为YY直播购界面。

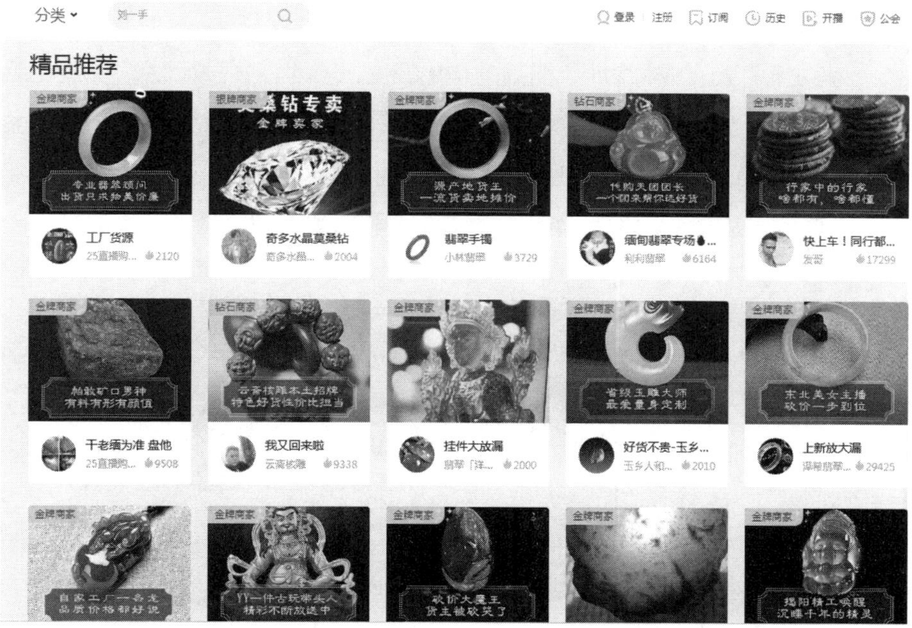

图3-27　YY直播购界面

在购买珠宝时，往往需要购买者亲自到珠宝店或其他销售点进行购买，来回途中产生的路费也是一笔不少的开支。在购买者中，并非所有的购买者都具有鉴别真假的能力，也许会出现巨额花费却购买到仿制品的现象，因此需要专业的珠宝鉴定者进行鉴别。

YY直播购站在消费者的角度，为避免消费者购买到假的产品，设有鉴定者对此产品进行鉴别，为购买者提供技术上的保障，并以“七天无理由退换”“假一赔十”的售后服务让消费者放心购买。

这种贴心的售后和以消费者为中心的服务理念，让直播购受到众多珠宝收藏爱好者的欢迎。对于这类产品的店家来说，直播购不仅为其提供了推广平台，而且还提供了市场行情。

3.3.2 斗鱼“公益主播团”：引发网友抢购热潮

斗鱼平台采取新的思考角度，以公益为基准，形成了新型的营销模式。如何以公益来促使消费？斗鱼平台从扶贫的角度出发，打造了公益直播团，一方面可以传递社会正能量；另一方面，能够扶持贫困地区的经济发展。

斗鱼主播“蓝胖儿”帮助大悟县的贫困妇女，开展了“妈妈回家”汉绣巧手脱贫系列直播，专门设计、定制了爱心小鲨鱼帽子，共800顶，主播也获得了“公益推广大使”的证书，还有支教留守儿童活动的直播，如图3-28所示。

图3-28 留守儿童支教活动的直播

在直播中，不仅可以让用户了解当地的特色文化，还能对地区进行旅游推广，促进地区旅游产业的发展。斗鱼平台以示范性的扶贫模式，带领直播平台朝着正能量的方向发展，触动了众多用户的心灵。

第4章

电商直播：直播已成标配，展现惊人带货能力

直播与电商的结合是现在直播行业一个重要的组成部分，本章将为大家介绍电商直播的主要类型，包括母婴类、美妆类、服装类，并从电商直播平台，如淘宝、京东、蘑菇街、拼多多四个平台分析电商直播行业，给想要进行电商直播的人们提供参考。

4.1 无直播、不电商，电商直播究竟有哪些类型

你是否想要进行电商直播，电商直播又有哪些类型呢？本节将分别介绍电商直播的三大类型：母婴类、美妆类、服装类，帮助读者更好地了解电商直播的类型。

4.1.1 母婴类电商直播

母婴类产品的受众多为年轻的妈妈们，母婴产品主要有奶粉、纸尿裤、玩具、童装等，此外还有适合妈妈们的产品。传统的门店销售多为一对一的服务模式，并且需要亲自去筛选、购买，而电商平台的产品众多，挑选困难。

母婴类电商直播与传统的门店相比，服务对象更广，可以一对多，服务许多屏幕前的妈妈们。年轻的妈妈们因为不熟练会产生许多疑问，或者对宝宝的一些症状感到焦虑。在直播中，既可以通过主播来答疑解惑，也可以通过弹幕形式跟其他妈妈们进行交流，共同分享育儿经验。图4-1所示为淘宝母婴类产品直播。

图4-1　母婴类直播

84%的妈妈们在购买宝宝所使用的产品前都会对产品的安全性和实用性进

行调查，经过反复地思考再购买。在母婴类产品的直播中，直播间内拥有育儿专家、富有经验的主播，可以为妈妈们介绍最适合宝宝的产品，这种全方位的讲解和展示正好解决了妈妈们选择产品的焦虑，也能为妈妈们的购买提供参考。

总的来说，电商直播相较于传统门店具有以下优势，图4-2所示为母婴电商直播的优势。

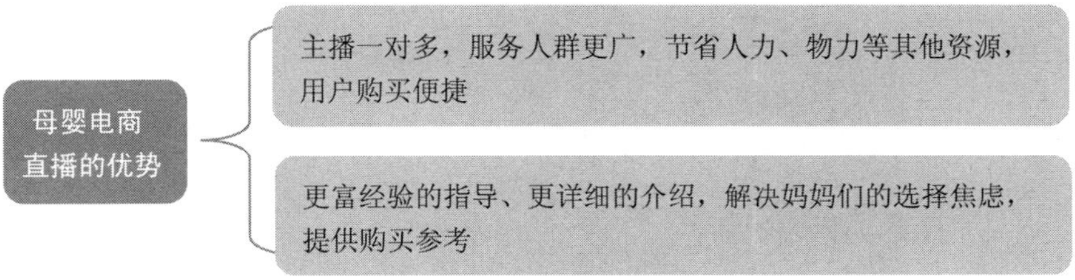

图4-2　母婴电商直播优势

4.1.2　美妆类电商直播

美妆类一般针对高消费的女性群体，相较于其他种类的电商直播，高消费的女性群体使得美妆直播获利最大。在美妆直播中，你可以看到博主为你进行试用各类的产品，例如口红试色、眼影试色、粉底试色等各式各样的彩妆品牌。图4-3所示为主播口红试色直播，同样也有一些护肤品的推荐，例如水、乳、霜以及精华等。

图4-3　主播直播进行口红试色

许多明星也加入了美妆直播带货的行业，例如戚薇、吴昕、林允等，并且还会有更多的明星选择该行业。每个明星的直播方式不同，有的明星对自己用过的产品进行分享，例如提供护肤“秘籍”、分享好物等方式进行直播。

淘宝在2019年的618活动里，邀请了众多明星参与淘宝直播，进行带货，例如李湘、王祖蓝、李维嘉等。图4-4所示为淘宝618明星直播现场。

图4-4　淘宝618明星直播现场

4.1.3　服装类电商直播

服装直播的受众多为时尚年轻的女性，在直播中不止是服装的推荐，还会让主播进行搭配展示，提供用户穿搭技巧的同时，还能增加用户的购买力度。服饰类电商直播通过直播传递当下热门的时尚理念，推动时尚的不断发展。

服饰的种类众多，对于许多消费者来说，如何搭配一直是一个困扰，这类困扰在服装电商直播中能寻求答案，因为主播会亲自搭配示范，如图4-5所示。

有时在搭配中，主播还会分享适合的妆容，这也为用户提供了妆容方面的参考，让用户在穿搭的同时更具魅力。

图4-5　主播亲自示范搭配

4.2 淘宝直播：电商直播第一大平台，全网最大的流量池

淘宝直播是电商直播的第一大平台，本节主要分析淘宝直播平台的开通方式、运营技巧以及如何在淘宝直播中引流的方法。

4.2.1　淘宝直播的开通方法

入驻淘宝直播平台的方法有两种：第一种途径，针对普通用户；第二种途径，主要针对商家、达人、档口主播。下面介绍第一种入驻淘宝直播的操作方法。

步骤 01　打开淘宝App，进入App主页，在界面左上方找到"扫码"按钮，如图4-6所示。

步骤 02　点击"扫码"按钮，进入扫码功能界面，选择"扫一扫"选项，如图4-7所示，对准主播二维码进行扫码，或者从相册中选取官方指定的主播入驻的二维码，进行扫码操作。

图4-6　找到“扫码”按钮

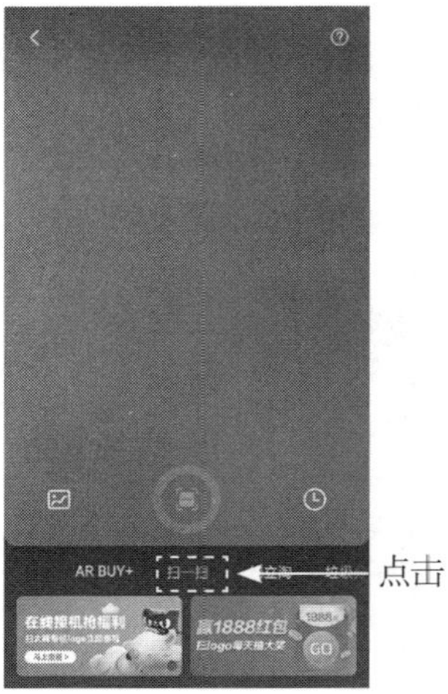

图4-7　点击“扫一扫”选项

步骤　03　扫描二维码后，会显示“淘宝直播入驻指南”界面，在界面中点击“个人主播”按钮，如图4-8所示。

步骤　04　进入“个人主播入驻指南”界面，滑动屏幕至界面下方，点击“一键开通直播权限”按钮，如图4-9所示。

图4-8　点击“个人主播”按钮

图4-9　点击“一键开通直播权限”按钮

步骤　05　进入“主播入驻”界面，在其中“实人认证”选项中点击“去认证”按钮，根据提示完成认证，如图4-10所示。

步骤　06　实人认证成功后，在界面下方选中“同意以下协议”单选按钮；再点击下方的“完成”按钮，即可入驻成功，如图4-11所示。

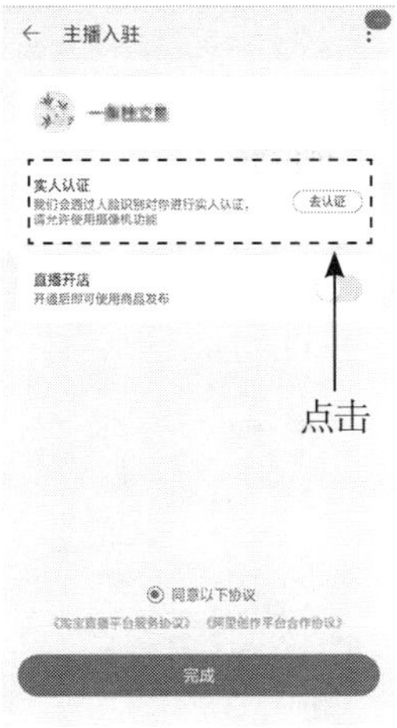

图4-10　点击“去认证”按钮

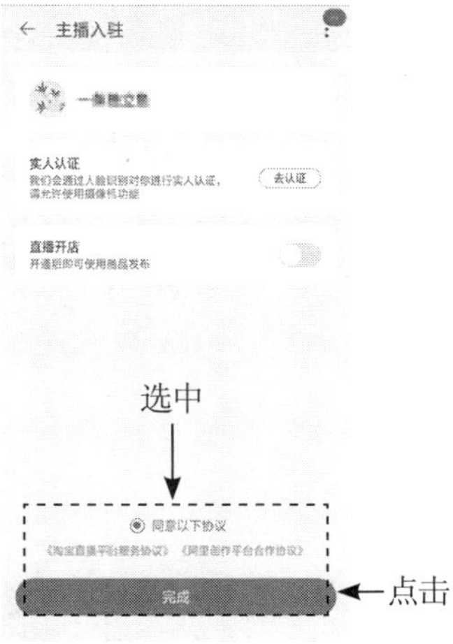

图4-11　勾选协议，点击“完成”按钮

第二种途径，主要针对商家、达人、档口主播，首先在手机上下载最新的淘宝主播App，安装完成后，进行登录和注册。

步骤 01　打开淘宝主播App，注册并登录淘宝主播App后台，点击界面左上方的“主播入驻”按钮，如图4-12所示。

步骤 02　进入“创建直播”界面，在界面中根据个人实际情况填写相关信息，信息填写完毕后，点击屏幕下方的“创建直播”按钮，如图4-13所示。

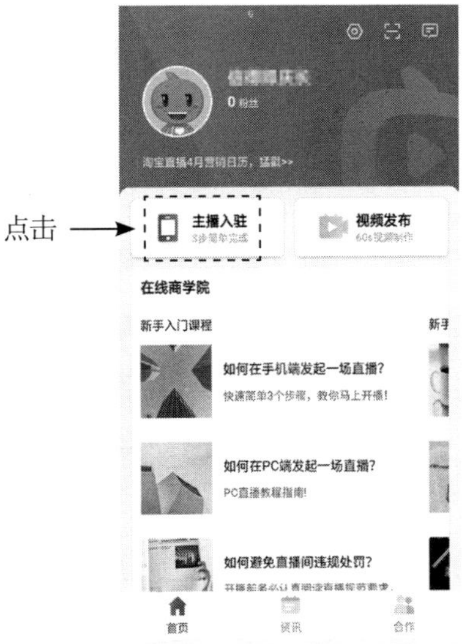

图4-12　点击“主播入驻”按钮

图4-13　点击“创建直播”按钮

步骤 03　即可进入“淘宝直播”界面，在界面点击“开始直播”按钮，如

图4-14所示。

步骤 04 执行操作后，即可进入淘宝直播状态，若想要结束直播，点击下方“结束直播”按钮即可，如图4-15所示。

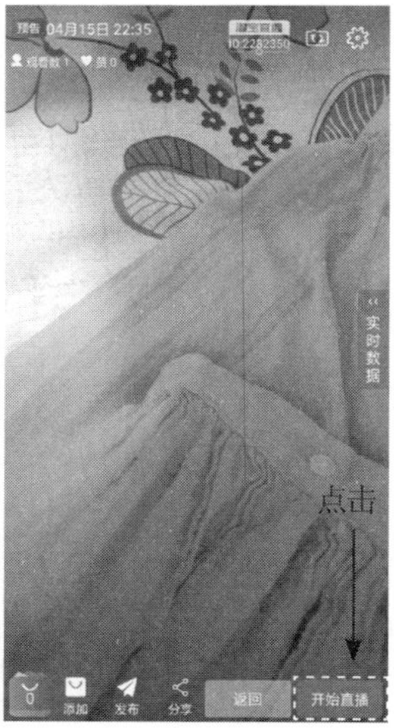

图4-14 点击“开始直播”按钮

图4-15 点击“结束直播”按钮

4.2.2 淘宝直播的运营技巧

店家在电商直播中申请完成后，该如何运营直播呢？针对如何吸引粉丝注意这个问题，接下来我们将进行总结，并推荐给大家一些运营技巧。

1. 直播通知

在进行直播前，我们要做好直播的推送工作，让你的粉丝知道你直播的时间，如果没有通知，那么会让你的很多粉丝错过你的直播。在通知时，我们可以运用以下几种方式：小喇叭公告、小黑板、群消息等，用户可以点击淘宝“通知消息”按钮，跳转到服务通知界面，可以看到关注店铺的“主播上线动态”通知，如图4-16所示。

通知时要尽可能让所有粉丝知道，可以利用上新预告来进行通知，也可以将直播信息推送到广场，或者置于“猜你喜欢”的板块中。

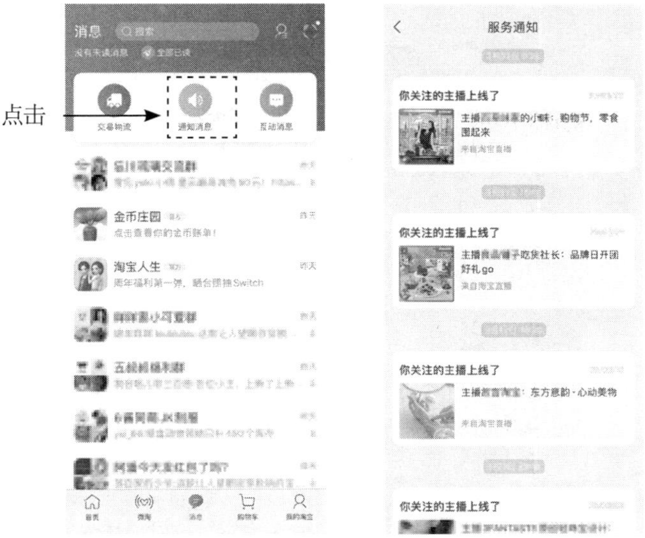

图4-16　“主播上线动态”通知

2. 直播主题

在题目的选择上，要重点突出产品卖点、明星同款、当下流行或其他元素等，例如，清仓、东大门爆款、INS网红同款、高级感等，此外服装直播的主题可以根据你所直播的服饰风格来选取相应的词汇。

3. 竖屏直播

当单人直播时建议使用竖屏直播，便于用户直接观看。在店家展示时，竖屏也能更好地展示商品，例如，服装直播，竖屏直播能将主播整个穿搭过程在镜头前进行展示。

4. 粉丝分层

可在直播设置中点击“粉丝分层”选择你所适合的规则，用户根据你所选择的规则来成为你的粉丝，并增加粉丝的亲密度。

例如，每日观看直播、发布一则评论之后，分别增加2分；关注主播、观看时长超过4分钟都增加5分；还有点赞和分享次数达到多少次可增加不同数值的积分等。

用户在观看直播时，会在左上方进行亲密度提示，如图4-17所示。

图4-17　亲密度提示

5. 观看奖励

当观看时长超过多少分钟时，可以设置一个奖励，例如小额红包、优惠券、赠品等其他福利，刺激和吸引用户观看。当直播间的气氛达到一定程度时，可在直播间进行抽奖，公布中奖用户时，需要注意安抚未中奖用户，并通知下一次抽奖的时间。可以每15分钟进行一轮，也可以按照其他时间有规律地进行抽奖。

6. 直播产品

直播中一定要有产品的安排，在产品的介绍中列举一两个卖点，重点营销。对于一些产品可以利用其高销售量，或者排行榜排名进行推荐，巧妙利用群体效应。

7. 直播内容

主播在进行产品推广时，可以利用故事进行介绍；将产品与其他同类产品进行对比，可以更好地突出该产品的优势，可以从质量和价格等方面进行对比；也可以采取饥饿营销，调动用户的购买积极性。

主播直播时的精神一定要充足，行为上可以表现得尽可能激动，用高昂的热情打动用户，例如热门电商主播李佳琦、薇娅。在跟用户讲解时，主播需要耐心讲解产品的功能并且进行相关操作示范，例如产品如何使用，优惠券如何领取，主播都可以在直播间亲自操作，以减少客户的操作难度，更容易掌握操作流程。

4.2.3 淘宝直播的引流攻略

淘宝界面内会专门设置一些广告投放的资源位置，例如首页下方的猜你喜欢、微淘、聚划算、有好货、哇哦直播等，在购物车下方还有“你可能还喜欢”模块等。

1. 猜你喜欢

“猜你喜欢”模块是根据用户收藏清单、已购买列表、浏览记录等进行大数据分析后所产生的推送。在模块内会设有专门的广告投送位置，可以供店家进行广告投放的同时节省用户的搜索时间，更快、更精准地为用户提供心仪的产品。较为人性化的是，用户在此板块内不需要点开就可以直接试看视频，吸引用户点击查看商品详情，增加用户的购买欲望。图4–18所示为淘宝的“猜你喜欢”模块。

图4–18　淘宝的“猜你喜欢”模块

2. 微淘

微淘内显示的是用户已关注的店铺信息，在该区域内可以看到店铺的上新产品，以及店铺的更新动态，同时也会推送店家的直播。对于安卓用户，板块内有专门的直播选项，如图4–19所示，店铺可以将上新产品以及优惠折扣展示在上面。

图4-19　淘宝微淘直播

3. 聚划算

聚划算主要针对喜欢抢购商品优惠券的用户，每整点都会有聚划算官方直播间派送大额专享券，供用户抢购，如图4-20所示。

图4-20　聚划算官方大额专享券派送

4. 哇哦视频

哇哦视频有大量的直播内容，例如今日精选、趣体验、时髦穿搭等。图4-21所示为哇哦视频界面。

图4-21　哇哦视频界面

4.3 京东直播：自营商品质量有保障，用户消费更高

在进行网购时，东西的质量好坏是用户是否购买的影响因素之一，而京东在推广上一向以高质量为基点，严格筛选产品，为用户提供一个正品保障的平台，被不少追求产品高质量的用户群体青睐，同样京东的售后服务也十分有保障。

在京东的直播上，许多业务老总亲自带货，直播中还会进行大额抽奖，吸引了不少用户参与互动，增加了用户的购买意愿。

本节主要介绍京东直播平台的开通与运营技巧，以供想要在京东进行直播的店家参考。

4.3.1 京东直播的开通方法

京东直播的开通需要先登录京东达人平台，成为京东达人，满足条件后，方可开通京东直播。如果不是京东达人的用户，可以先注册京东达人账号，首先我们将介绍京东达人的注册方式，请依照以下步骤进行注册和登录；如果已经是京东达人的用户，可以直接登录京东达人后台，开通京东直播即可。

步骤 01 在浏览器搜索栏中搜索京东达人平台，点击京东达人的官网链接，进入“京东内容开放平台”页面后，在页面内输入你的京东账号和密码，输入完成后，单击“登录”按钮，如图4-22所示。

图4-22　进入“京东内容开放平台”页面

步骤 02 登录您的账户之后，弹出使用手机短信验证码，❶单击“获取验证码”按钮，短信接收后；❷输入验证码；❸单击“提交认证”按钮，如图4-23所示。

图4-23　手机验证码验证

> **提醒：**
>
> 手机验证码接收有 115 秒的时间，若因为短信发送延迟，没有收到验证码，或者号码输入错误没有获取验证码，在输入正确的电话号码之后，单击重新获取验证码完成操作。

步骤 03 输入验证码后，选择你要开通的账号类型，若是个人开通，单击“个人”选项即可，如图4-24所示，也可以选择企业或者机构管理者。

图4-24 单击“个人”选项

步骤 04 选择“个人”选项，进入“实名认证”界面，填写你的真实姓名以及证件信息，填写完实名认证信息后，单击下方的“下一步”按钮，如图4-25所示，进行下一步操作。

图4-25 填写个人信息进行“实名认证”界面

步骤　05　执行操作后，继续填写你的个人信息，如用户昵称、联系方式，并进行手机短信验证码验证，完成用户头像上传，查看京东原创平台入驻协议，选中“同意《京东原创平台入驻协议》”复选框，单击“下一步”按钮，如图4–26所示。

图4–26　填写你的个人信息

步骤　06　弹出“达人CPS佣金与内容动态奖励规则”窗口，阅读规则内容，单击“确认”按钮，如图4–27所示，进行下一步操作。

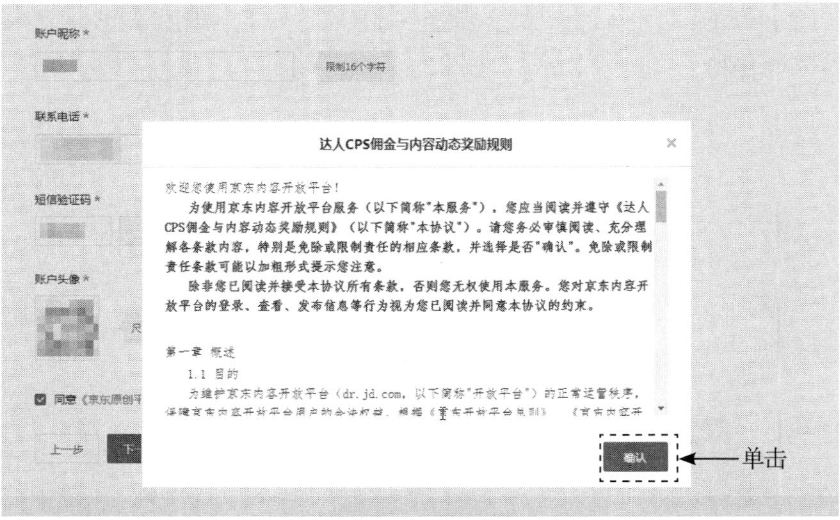

图4–27　阅读“达人CPS佣金与内容动态奖励规则”

步骤 07 执行操作后，你已经通过了达人认证，会提示你已加入的信息，如图4-28所示，三秒之后即可跳转网页。

图4-28　你已加入京东达人提示

步骤 08 成为京东达人之后，单击上方的“指导手册”按钮，如图4-29所示。

图4-29　单击“指导手册”按钮

步骤 09 在左侧栏目的“内容创作”标签中选择“直播”选项，在“直播”页面中会显示如何入驻京东直播，如图4-30所示。若是机构请选择“机构主播及个人主播机构”后方的超链接；若是商家，可以选择第二个“商家”超链接。

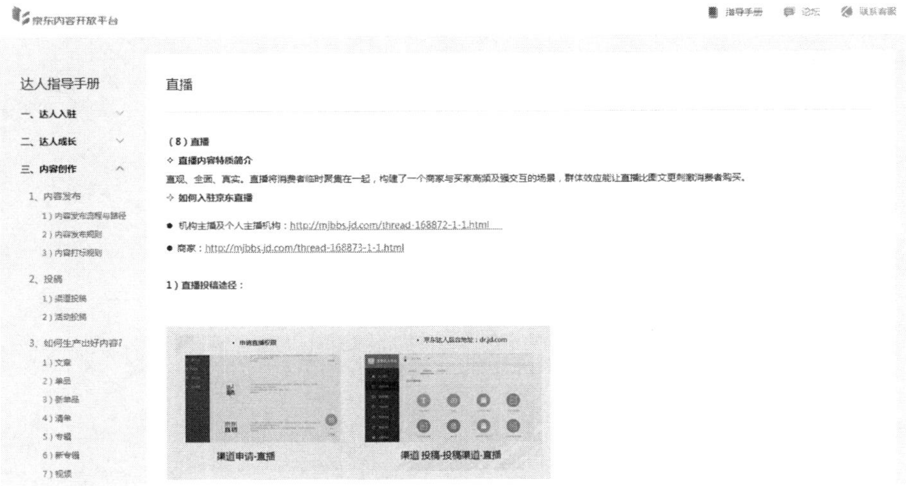

图4-30　选择“机构主播及个人主播机构”或者“商家”超链接

需要注意的是，京东直播的入驻必须要满足以下条件，如图4-31所示，满足条件后方可进行直播申请。

京东直播达人入驻流程（2019 年12月更新）

【京东直播媒体机构入驻门槛】

- 站外某一平台账号粉丝不少于100万
- 至少在2家直播、视频平台有不少于3个月的运营经验

【京东直播媒体机构入驻流程】

1.创建机构账号。传送门：http://mjbbs.jd.com/forum.php?mod=viewthread&tid=167682&highlight=%E6%9C%BA%E6%9E%84

2.发送以下信息到以下邮箱：lijie405@jd.com；审批周期：**3个工作日（3个工作日后自行前往dr.jd.com-投稿渠道查看权限）**

1）机构基本信息：机构pin、机构昵称、机构下需开通直播权限的达人pin

2）机构的完整介绍资料（PPT或PDF均可）

3）机构以往的直播视频（链接地址或文件均可）

4）机构站外粉丝账号截图

图4-31　京东直播达人入驻流程

4.3.2　京东直播的运营技巧

本小节主要讲述京东直播平台的运营技巧，为帮助想要在京东平台进行直播的用户提供参考。

1. 主播力荐

在京东直播中会显示“主播力荐”一栏，在“主播力荐”中会推送一些产品，在界面下方会显示各式各样的直播内容，如图4-32所示。

图4-32 主播力荐界面

2. 政策扶持

京东平台为扶持滞销农产品，推出了“京源助农”活动，在活动内用户可以购买许多农产品，同时“京东生鲜”板块也设置了“生鲜助农”专题，还有“京东秒杀”板块为帮助滞销农产品推行的“共克时艰，京心助农”会场。图4-33所示为“京源助农”乡村振兴领头雁活动。

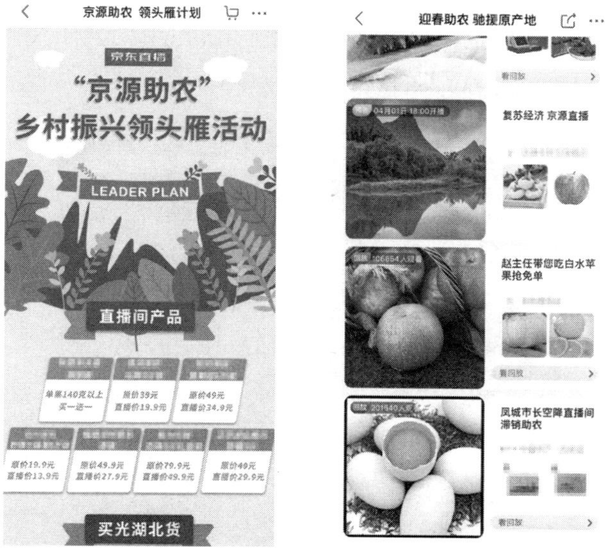

图4-33 “京源助农”乡村振兴领头雁活动

这些活动解决了滞销农产品地区农户的烦恼，为脱贫工作带来了福音，例如，京东平台提供的直播让永福县的砂糖橘销量总计达到3 000吨，售出了县城65%的砂糖橘，带动了县城农产品基地的发展。

3. 主播补贴

京东的“4+2”商家和机构扶持政策，如图4-34所示，计划内容主要针对商家和热门主播所进行的“现金补贴以及公域流量”扶持计划。

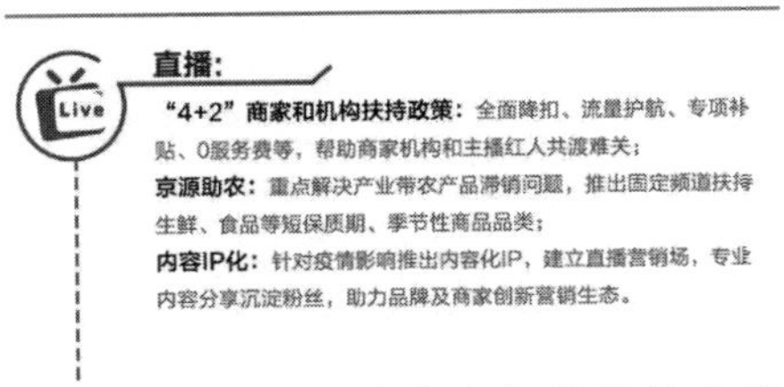

图4-34　“4+2”商家和机构扶持政策

主播在直播开播后，可直接获得现金补贴，对于新开直播的用户可以直接获得公域流量的资源，并且在当月不用参与考核。

对于店家在进行直播时，除助农计划，对于全类的POP店家直播平台扣点将最低降到1%，意思就是第三方卖家的开播越多，则卖家本人所赚取的金额也就越多。对于新店的开播享有高度的曝光机会，且不收取服务费。

4. 技术支持

在京东进行直播时，主播可以利用平台提供的5G以及VR技术进行直播，此外还有京东小魔方和京东小程序技术，如图4-35所示。

图4-35　京东小魔方和京东小程序

京东直播的画面具有超低延时的特点，并且可以多场景切换，在直播中还可以进行连麦，京东小魔方以及微信小程序都可以为直播提供开放的资源。

4.4 蘑菇街直播：打造“内容+网红KOL+电商”联合

蘑菇街主要为女性群体提供穿搭参考，服装类型很多，大多为时尚、流行的款式，并且具有实用性，其实用性主要体现在提供多场景的穿衣方式，让爱美的女性在各个场合都能光鲜亮丽。蘑菇街除主打的服装搭配外，还从妆容、鞋包、饰品上提供了搭配参考，不仅节省了用户搭配服装的时间，也解决了用户搭配服装的烦恼。

4.4.1 蘑菇街直播的开通方法

蘑菇街直播需要在手机商城下载蘑菇街App，安装完成后，进行登录和注册，再按照以下方式申请开通蘑菇街直播的功能。

步骤 01 打开蘑菇街App，进入App主页，界面上方显示“直播”频道，点击“主播&机构招募令”广告信息，如图4-36所示。

步骤 02 进入“蘑菇街主播&机构招募令”界面，滑动屏幕至界面下方，点击“个人主播”按钮，如图4-37所示。

图4-36　点击广告信息

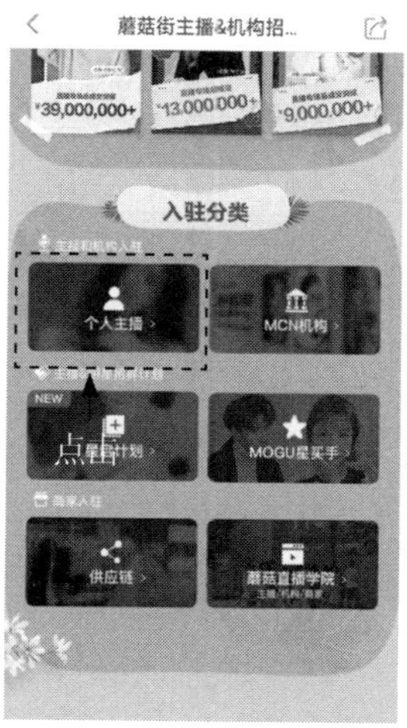

图4-37　点击“个人主播”按钮

步骤 03 进入“蘑菇街主播招募令”界面，滑动屏幕至界面下方，点击“个人主播”按钮，如图4-38所示。

步骤 04 进入“蘑菇街-我的买手街”界面，在其中根据个人情况填写相关信息，如图4-39所示。

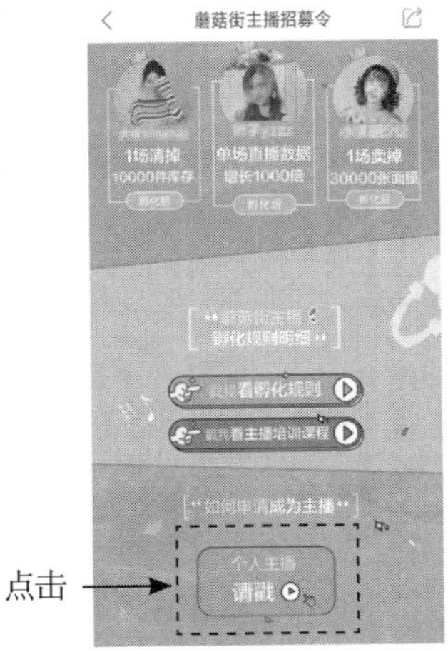

图4-38 点击“个人主播”

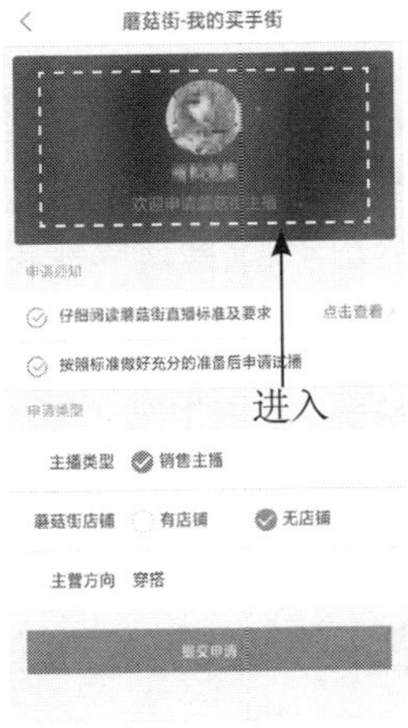

图4-39 根据实际情况填写信息

步骤 05 点击“提交申请”按钮，进入“新试播解答”界面，其中显示直播试播的相关要求，如图4-40所示。

步骤 06 滑动屏幕至界面下方，点击“点击开始5分钟试播之旅”按钮，如图4-41所示，即可开始进行试播。待试播完成后，根据界面提示进行相关操作，即可完成蘑菇街的入驻。

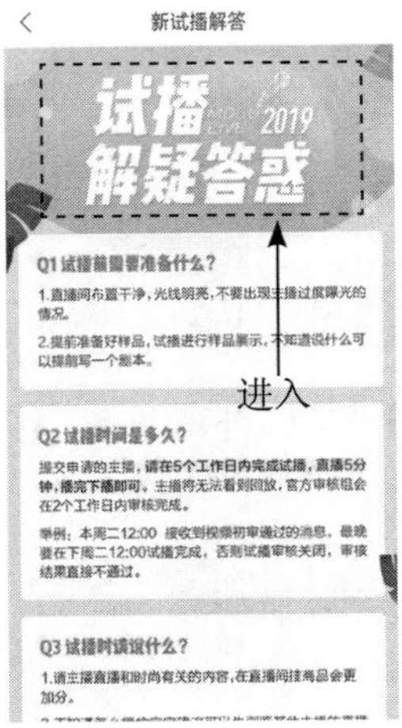

图4-40 直播试播的要求

图4-41 点击“点击开始5分钟试播之旅”按钮

1. 主播小店

蘑菇街直播的个人主播可以设置自己的直播小店，直播小店的开通必须缴纳保证金，具体详情可以在蘑菇街官网右上角“关于我们”|“商家入驻”|“招商要求”|“特色市场”|“招商规则”内进行查看。

2. 品牌合作

蘑菇街平台会在个人主播的培养中，提供与主播形象相符的产品，产品的货源稳定，并且质量可靠，这样的方式解决了主播自行寻找货源的烦恼；同时供给的品牌方也可以根据蘑菇街后台的主播信息，选择与自身产品相匹配的主播进行业务合作。

4.4.2 蘑菇街直播的运营技巧

蘑菇街的运行主要通过网红KOL的打造，结合内容与电商为一体的方式进行，以下是蘑菇街直播的运营分析。

1. 高颜值经济体

通过高颜值主播的搭配经验分享直播，为用户变美提供了一系列的解决方式。巧妙地利用女性对美好事物热衷与追求的心理，蘑菇街从直播内容、主播选择等各个方面都构造了一个高颜值经济体。

2. 以人为主

在直播上，以主播为主，为主播提供源源不断的货物供给，为主播省心，让主播只需要专注直播。在用户上，以女性为主，为其提供了不同类型的穿搭，解决搭配上的烦恼。蘑菇街的产品价格亲民且具有质量保证，让用户放心购买，这也是站在消费者的角度思考经营。

在蘑菇街直播中，无论是主播还是用户，都改变了原有的电商直播的运行关系，形成了蘑菇街独特的直播产业链。在这样的直播产业链下，用户和主播与平台的关系都得到了加强，此外在直播中，主播还能得到个人能力的提升。

3. 培训体系

主播直播之前，蘑菇街会提供一套标准的培训体系，根据主播的情况，例如外形、经验等进行划分，从主播直播的产品的角度进行排列，在筛选排列完之后，会提供相应的经纪人与主播进行对接，经纪人会依据主播直播的视频，对其中所出现的问题进行分析，提供全面的建议，让主播的直播状况更完善，效果更好。

在直播培训中，蘑菇街会向主播提供直播技巧，培训主播们在直播中应该如何更好地表达和介绍产品，同时对主播的直播策划也会提供相关的经验与课程，让主播的直播从视觉、听觉、画面效果、用户的观看体验度上都得到更好的提升与加强。

这样的直播培训对于零基础的人来说具有良好的效果。相较于其他平台的直播，这个平台的培训功能对小白来说，非常受益。

4. 蘑菇街购物台

蘑菇街在微信小程序内拥有自己的购物台，如图4-42所示。在蘑菇街购物平台上会推送各式各样的蘑菇街直播，观看起来极为方便，界面内分为四大板块，分别是热门、关注、穿搭、美妆。

图4-42　蘑菇街购物台

在每个板块下，都会有对应的直播推荐，在直播页面上还会显示相应的产品，展示内容简洁、清晰。直播的封面为主播照片，巧妙地利用主播的高颜值和用户对美好事物吸引的心理，吸引用户点击购买，促使产品价值变现。

4.5 拼多多直播："直播+电商"模式已成业内标配

拼多多的多多直播门槛低、变现快，受到许多用户的喜爱，并且拼多多在这几年大受欢迎，以实惠的价格受到众多用户的下载与使用，本小节将详细为读者介绍拼多多的多多直播技巧。

4.5.1 拼多多直播的开通方法

拼多多的多多直播面向所有用户，不仅门槛低而且操作简单，以下是手机拼多多App直播的操作方式。

步骤 01 首先登录拼多多App账号，❶点击"个人中心"标签，如图4-43所示。❷进入后点击你的头像；❸下滑页面后点击"多多直播"选项，如图4-44所示。

图4-43 点击"个人中心"标签

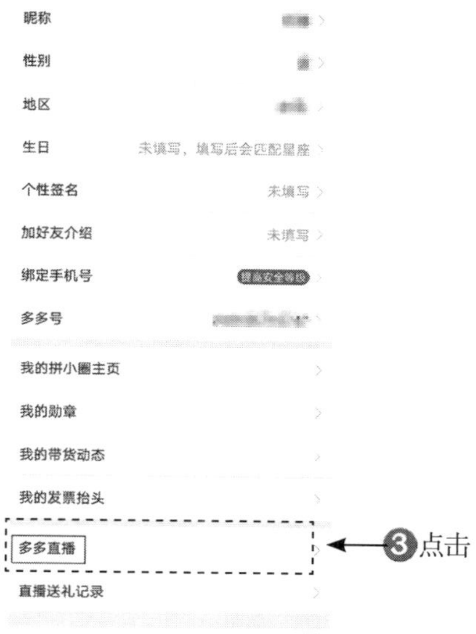

图4-44 点击"多多直播"选项

步骤 02 进入多多直播后，❶点击"开始直播"按钮，接着开启相关权限；❷点击"一键开启"按钮，如图4-45所示，执行操作之后，即可进入直播。

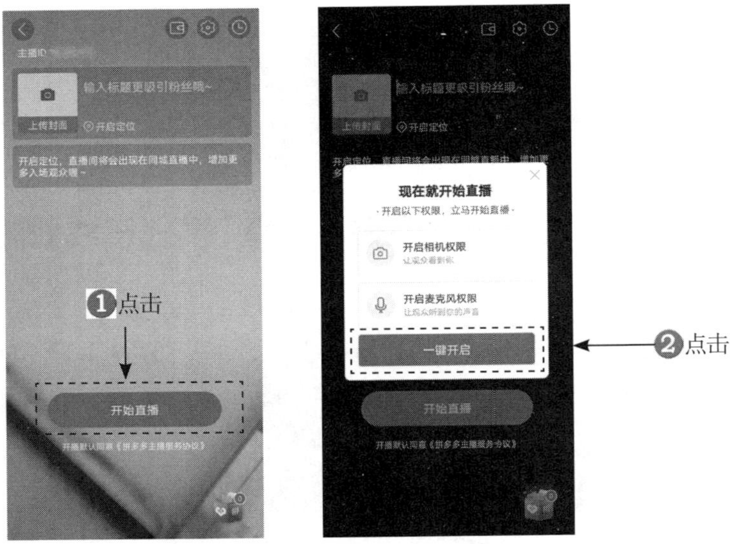

图4-45　点击“开始直播”按钮，并进行相关授权

商家版拼多多与普通版操作类似，区别是需要下载拼多多商家版，下载完成后登录商家账号，在账号后台界面中选择“工具”选项，找到“营销”选项并点击，在“营销”栏中选择“多多直播”选项，进入后点击“创建直播”按钮，在相册内挑选你想要的封面并填写主题即可。

4.5.2　拼多多直播的运营技巧

无论是拼多多App首页界面，还是搜索栏的搜索结果以及场景广告中，都可以点击“多多直播”入口。除此之外，商品详情页、店铺首页、关注店铺也是多多直播的流量入口，因此“多多直播”入口出现在平台内用户停留的每个环节。多多直播相对于其他直播，在运营上具有以下技巧。

1. 直播低门槛

拼多多的“多多直播”面向所有拼多多用户，对于未下过单的用户也可以通过“多多直播”进行直播带货，门槛低，规则简单，使用操作方便，拼多多App的直播设置非常平民化。

2. 产品价格优势

拼多多的产品价格定价很低，推行薄利多销的销售模式，以低廉的价格优势获得许多用户的购买。

3. 关注主播福利

拼多多直播平台中的“多多直播”运营主要通过平台内的流量以及粉丝的微信分享，并且在拼多多直播中，随意点击一个直播间，停留几秒就会显示一个红包，这个功能吸引很多用户点击，只要关注主播就能抢红包，这样操作可以巧妙地利用红包的玩法对直播进行推广。当用户关注主播后，就会显示一个好友助力，如图4-46所示，通过好友助力，即可领取红包。

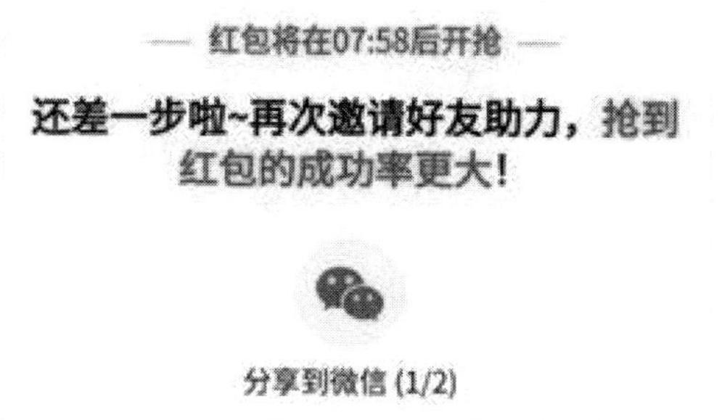

图4-46　好友助力领取红包

4. 同城直播

拼多多设置有同城直播，如图4-47所示。在同城直播内，你可以针对与你周边的地区推广你的店铺，让更多附近的人知道你的店铺，提高店铺的周边影响力，吸引同城用户购买。

图4-47　拼多多同城直播

5. 用户购买便捷

在“多多直播”界面下方，用户可以随时以拼单的形式购买商品，在直播时还有“想看讲解”功能，如图4-48所示，对于用户感兴趣的物品可以随时提供讲解，便捷地购买方式和随时提供的讲解功能让用户消费更快捷、更容易。

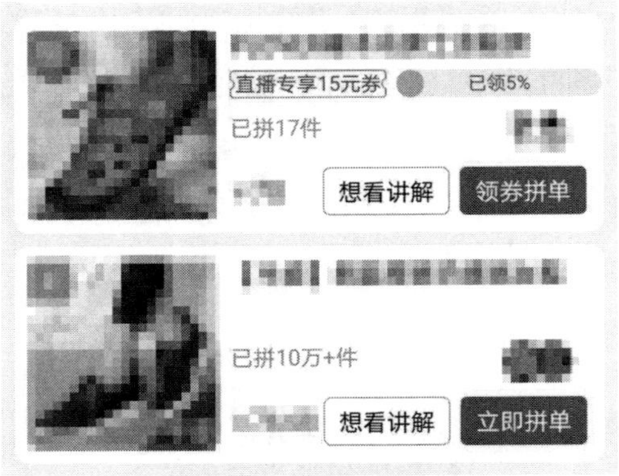

图4-48 想看讲解与立即拼单

第5章

自媒体直播：打造一站式“轻电商”变现平台

本章主要介绍了自媒体直播的新玩法，从四个方面进行分析阐述，如了解用户需求、做好用户定价、建立合作团队、策划直播全案等，并讲述了今日头条、网易号、B站三个平台的直播开通方法和平台运营技巧，帮助想要进行自媒体直播的用户了解更多自媒体的直播资讯。

5.1 自媒体新玩法：利用直播带动自媒体增长

直播可以带动自媒体的发展，可以很好地提升自媒体的影响力，同时还能巩固市场基础。如何利用自媒体进行直播呢？本小节将介绍自媒体直播的准备工作。

5.1.1 了解用户需求：你能给用户带来什么价值

开辟你的直播市场之前，你需要了解、调查用户对直播的需求有哪些？你需要了解你的市场并具备敏锐的触觉和悟性，没有市场时可以主动去寻找用户，建造你的市场，你要思考在你的自媒体中能为用户提供什么样的直播？你的定位如何？他们为什么会选择你的服务？

1. 客户群体

一个产品、一个行业的产生和发展通常由一线城市开始流行，接着二三四线城市，最后普及到乡镇和农村。直播行业已经越来越火热，那么居于在流行线上后端的城市，对你来说会是一个商机。三四线城市和乡镇、农村的群体也是你的受众群体，选择好客户群体之后，你需要开拓你的市场，在开始的阶段，你要去寻找客户，甚至亲自去现场，询问你的客户群体是否有需求，让他们了解你的直播内容。

2. 产品价值

自媒体直播提供怎样的产品和服务，产品价值是什么？都是你要思考的内容，例如自媒体“三农”题材，“三农”即农村、农业、农民。大多数的消费者对农民的印象都基于朴实，所以农民种植的产品也被多数消费者所喜爱。在自媒体直播中，选择“三农”题材进行直播销售，相应也会有许多用户通过直播进行购买。

城市化的发展，让越来越多的人对农村生活产生好奇，我们在进行自媒体直播时，表现的也就是农村的生活，但是越来越多“三农”题材直播内容的同质化现象也越来越明显，所以你的直播内容要具有差异性、创意性，要具有产品价值，但不可脱离现实，没有真实性。

3. 个人知名度

个人知名度，换句话说，自媒体本身需要提高个人或者平台的知名度，你的知名度越高，关注的用户群体也就越多，那么商家也就自然而然来找你进行直播，因为你的直播能给商家的品牌提升影响力，这也是你所能提供的价值之一。人们对熟悉或者相似的事物，会更具有好感。在提升知名度之前，你需要让用户对你的品牌有个概念性的认识，熟悉是前提。随着知名度提升，接受的群体也会有提升，到最后，每个商家都会来找你进行直播。

5.1.2 做好用户定价：根据不同用户制定收费策略

在市场逐步扩大之后，你需要思考直播产品的定价，对于直播费用，我们应该根据用户的不同进行差异性的划分，例如按照地区的政府、大客户、普通客户不同，费用也就不同。图5-1所示为差异性收费标准参考。

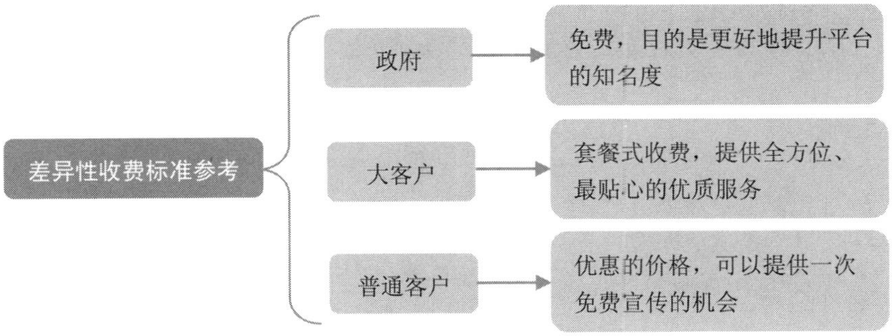

图5-1 差异性收费标准参考

5.1.3 建立合作团队：提高直播内容质量和播放量

“众人拾柴火焰高”，在直播行业越来越普及的情况下，合作联盟的成立，在一定程度上，能够解决个人所难以抗衡的压力。在自媒体行业之间，也可以进行合作，每家自媒体都会具有各自的优势，我们要做的就是利用优势进行合作，一起优化直播内容的质量以及增加直播播放量。采用各家的设备共同组建直播联盟，与各家的人员一起组织高质量、多场次的直播。

1. 合作团体的选择

关于直播合作团体的选择，我们可以遵从四个原则，如图5-2所示。

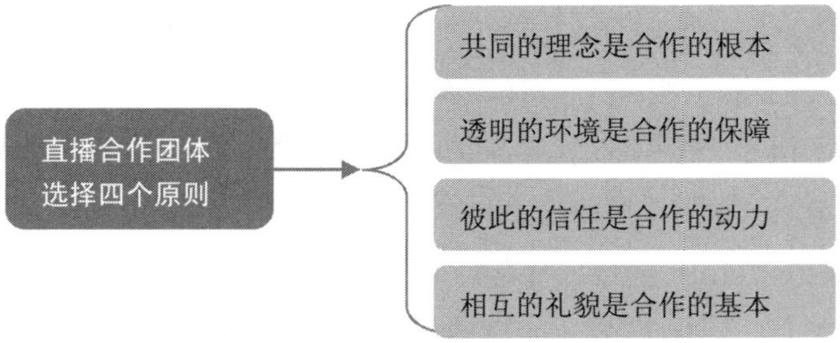

图5-2 直播合作团体选择的四个原则

2. 合作策略的制定

选择好你的合作团队之后，你需要协定一个合作策略，包含产品策略、价格策略、渠道策略。

5.1.4 策划直播全案：抓住用户痛点，并严格执行

在进行直播策划时，我们需要做到全面且细致，可以从以下四点出发，如图5-3所示。

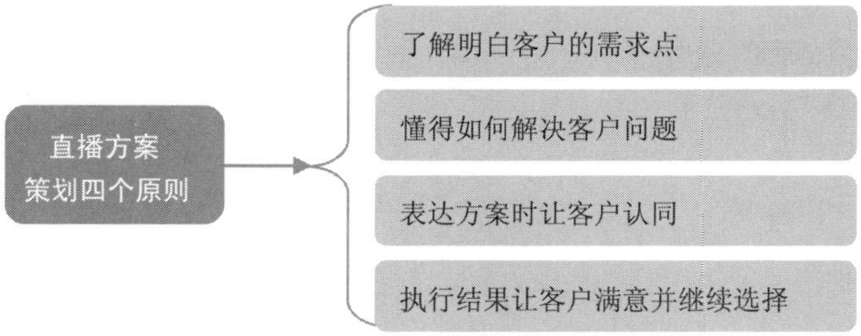

图5-3 直播方案策划的四个原则

5.2 今日头条直播：根据用户的兴趣进行个性化推荐

今日头条是一个给用户提供个性化推荐信息的引擎产品，在今日头条平台上，自媒体人可以依靠实力与粉丝进行直播互动，而不是凭借颜值，今日头条的直播，主要是根据用户的兴趣进行个性化的推送。

5.2.1 今日头条直播的开通方法

今日头条的直播开播方式共有两种，主要分为PC端和移动终端，接下来我们先以PC端为例，讲解今日头条直播的开通方法。

1. PC端

以下是PC端今日头条直播的开通方式，如需要PC端直播，请阅读以下步骤。

步骤 01 打开浏览器，❶在搜索文本框中输入“今日头条”；❷单击右侧的“百度一下”按钮，如图5-4所示。

图5-4 搜索“今日头条”并单击“百度一下”按钮

步骤 02 执行操作后，即可搜索到今日头条官方主页，单击第一条网页链接，如图5-5所示。

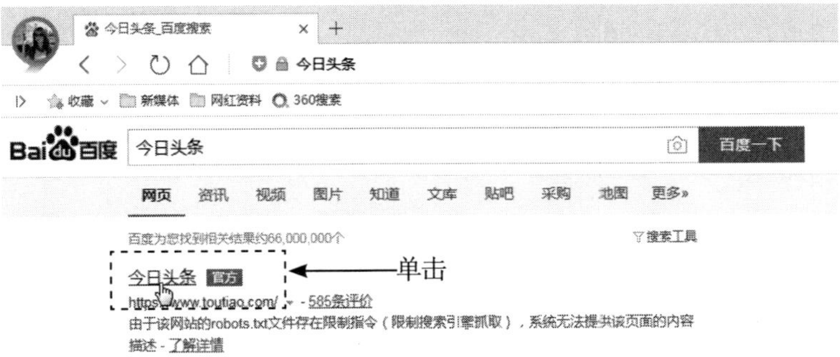

图5-5 点击“今日头条官方”链接

步骤 03 执行操作后，进入今日头条官方网站，在界面右侧单击“登录”按钮，如图5-6所示。

图5-6　点击“登录”按钮

步骤　04　进入相应界面，输入账号和密码，登录今日头条后台，单击界面右上角的“发文”按钮，如图5-7所示。

图5-7　点击“发文”按钮

步骤　05　进入今日头条后台主页，❶在左侧单击“西瓜视频”标签，展开相应列表；❷选择“我要开播”选项，如图5-8所示。

步骤　06　执行操作后，打开“西瓜视频”网页，在页面中单击“我要开播”按钮，如图5-9所示。

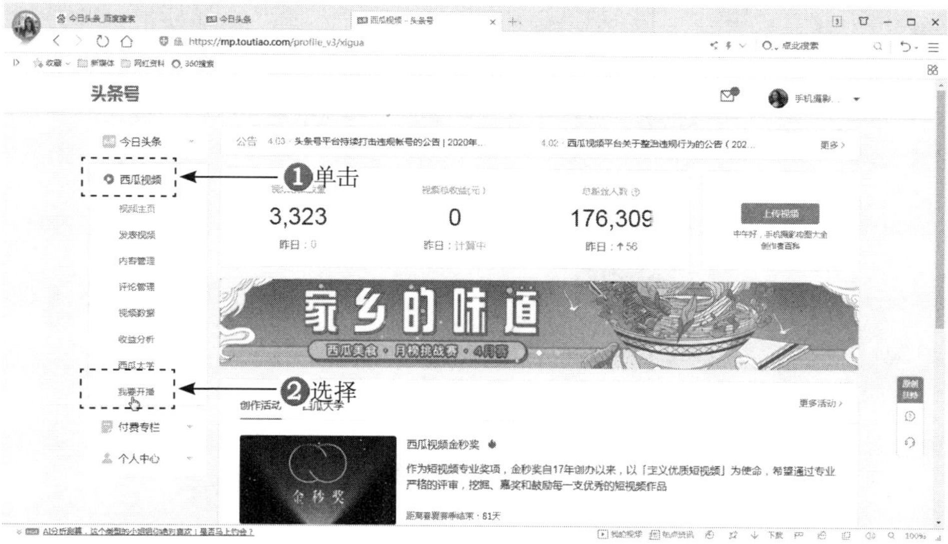

图5-8　单击“西瓜视频”标签，选择“我要开播”选项

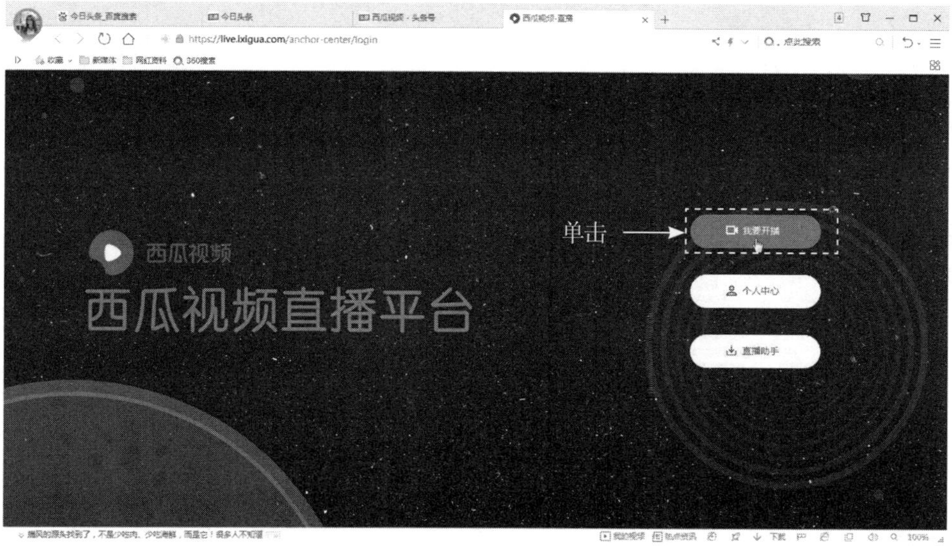

图5-9　单击页面中“我要开播”按钮

步骤　07　进入相应界面，其中显示主播的相关信息，单击界面上方的“我要开播”按钮，如图5-10所示。

步骤　08　执行操作后，进入相应界面，其中显示开播必读的相关信息，如图5-11所示。

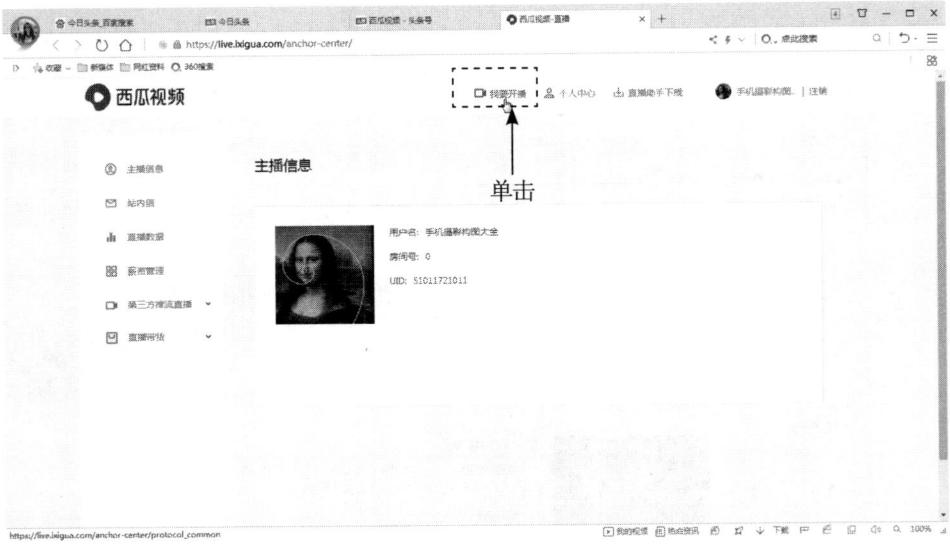

图5-10　单击界面上方“我要开播”按钮

图5-11　阅读“开播必读”信息

步骤 09　滚动到界面最下方，单击“西瓜直播助手”文字链接，弹出“新建下载任务”窗口，提示用户需要下载西瓜直播助手，才可以进行正常的直播操作，如图5-12所示。

图5-12　点击“下载”按钮

步骤　10　单击“下载”按钮，下载西瓜直播助手，并进行安装操作，安装完成后，打开西瓜直播助手，进入软件界面，其中提示用户选择需要开播的平台，单击“西瓜视频”按钮，如图5-13所示。

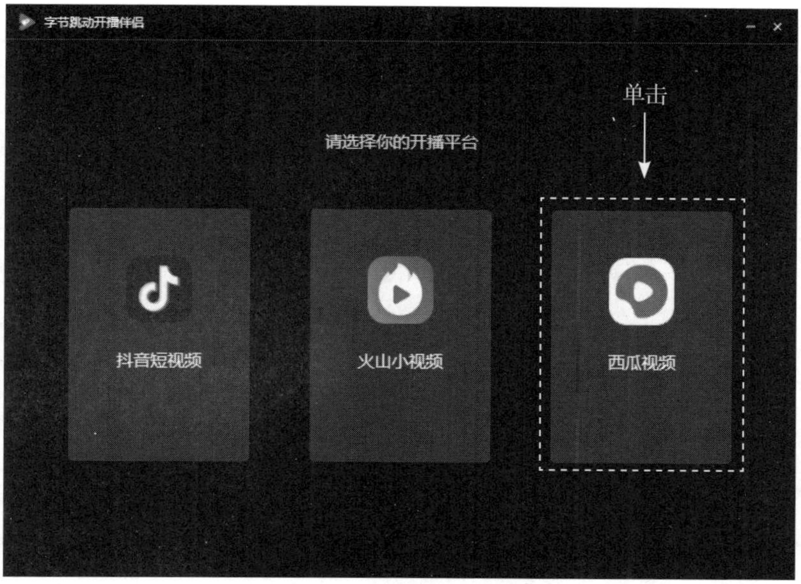

图5-13　单击“西瓜视频”按钮

步骤　11　进入“请选择直播类型”界面，❶单击“游戏直播”按钮；❷选择“全屏直播”方式；❸单击“立即开播”按钮，如图5-14所示。

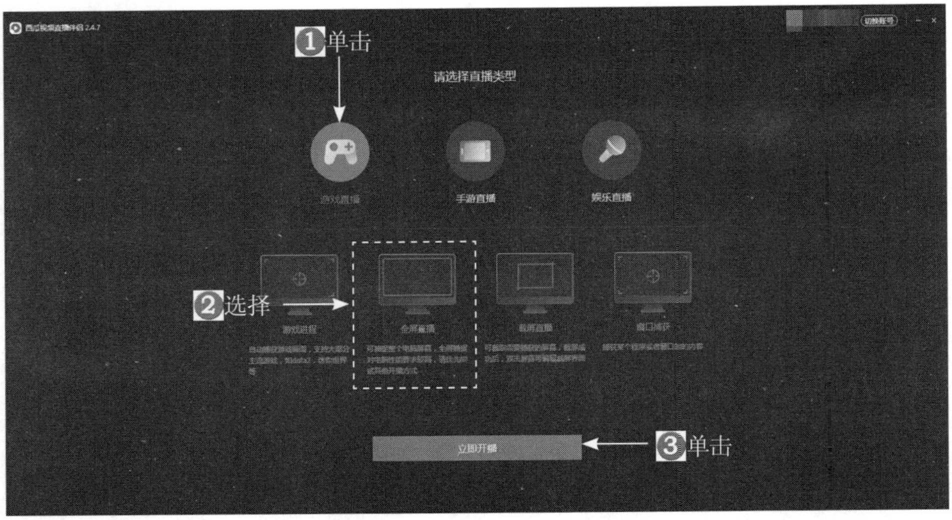

图5-14　选择直播类型后点击“立即开播”按钮

步骤　12　执行操作后，即可打开直播界面，如图5-15所示，在其中主播可以进行相关的直播操作。

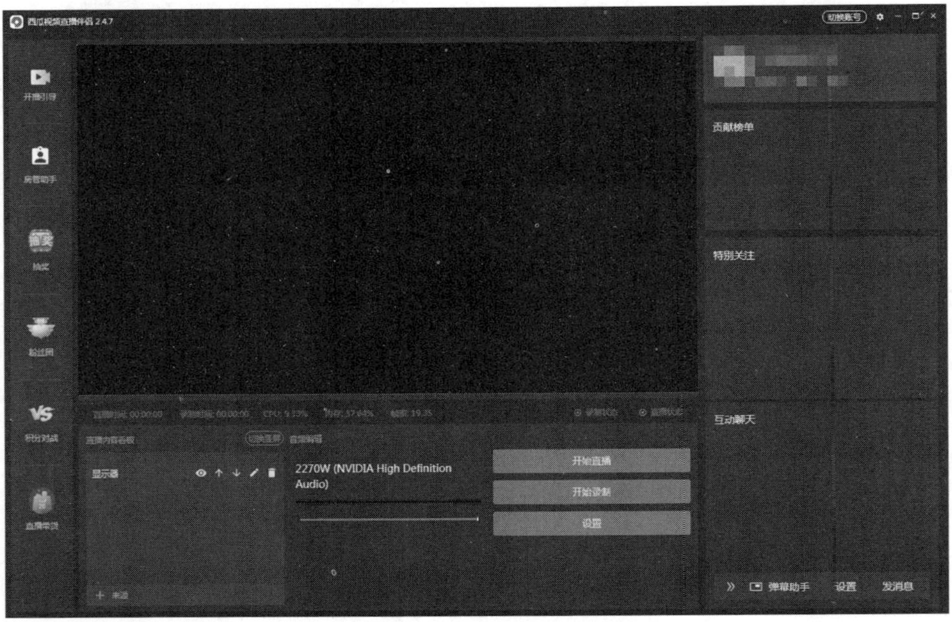

图5-15　西瓜视频直播设置界面

2. 移动终端

移动终端直播的用户，请阅读以下步骤。

步骤 01 进入今日头条App首页，如图5-16所示，❶点击右上方的“发布”按钮，❷在展开的列表中选择“开直播”选项，如图5-17所示。

图5-16 进入今日头条App首页

图5-17 选择“开直播”选项

步骤 02 弹出“实名认证”窗口，❶点击“认证”选项，如图5-18所示；❷进入“实名认证”界面，在界面中填写姓名和身份证号后；❸点击“下一步人脸识别认证”按钮，如图5-19所示。

图5-18 点击“认证”选项

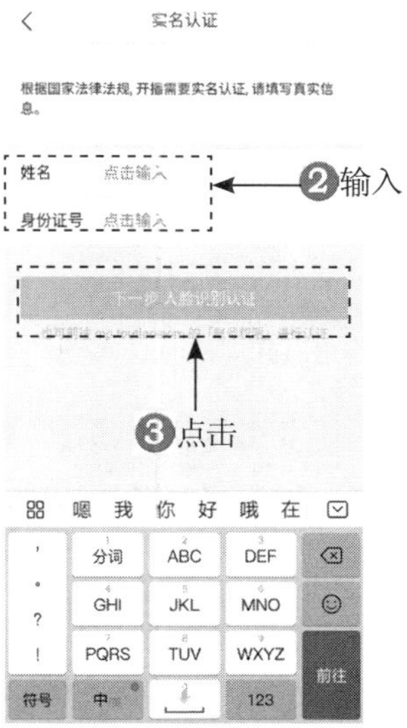

图5-19 进入“实名认证”界面

步骤 03 进入相应界面，点击页面下方的“开始验证”按钮，如图5-20

所示，按照屏幕上方提示，完成人脸识别，如图5-21所示。

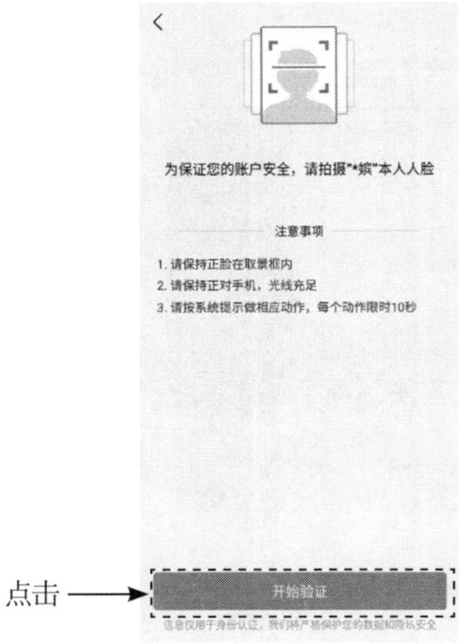

图5-20 点击“开始验证”按钮　　图5-21 按照指示完成人脸识别

步骤 04 在直播前请先阅读西瓜视频直播主播签约协议，如图5-22所示，阅读完毕后，点击下方“我已阅读并同意西瓜直播服务协议”，完成后，你就成为西瓜主播，页面会提示你有两种直播方式，如图5-23所示。

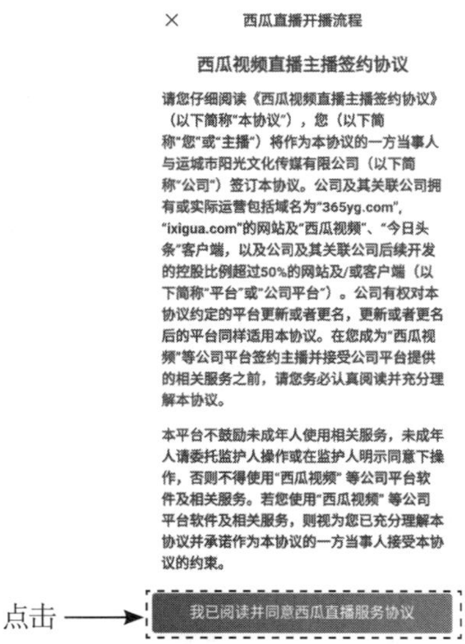

图5-22 阅读西瓜视频直播主播签约协议　　图5-23 页面两种开播方式提醒

步骤 05 ❶选择“手机开播”方式；❷点击“下一步手机开播”选项，如图5-24所示，页面中提示开播必读信息，❸阅读完之后点击“我已阅读”按钮，如图5-25所示，再填写直播间信息即可进入直播。

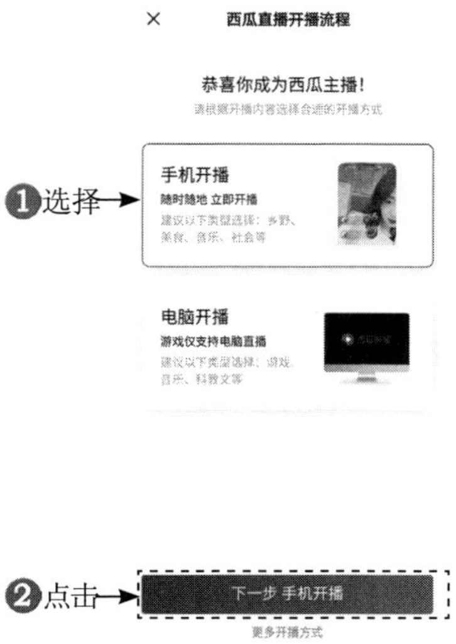

图5-24　点击“手机开播”选项

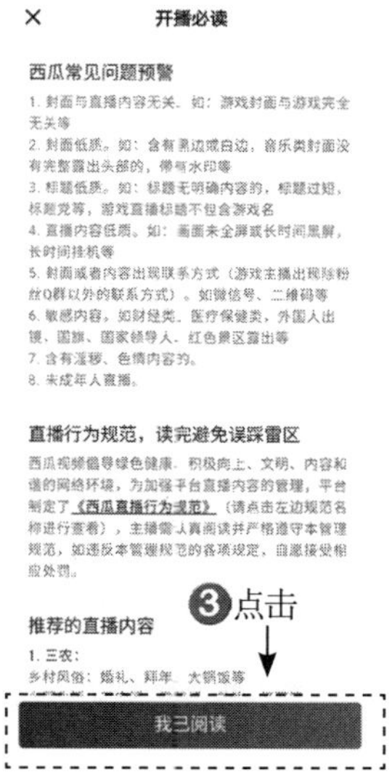

图5-25　点击“我已阅读”按钮

5.2.2　解锁今日头条直播带货功能

截至2020年4月，今日头条的直播带货属于内测功能，只有部分受到今日头条邀请的客户能够使用此功能，如图5-26所示。

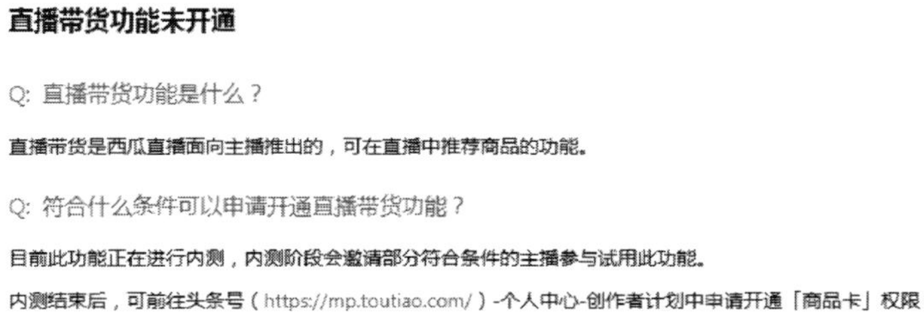

直播带货功能未开通

Q：直播带货功能是什么？

直播带货是西瓜直播面向主播推出的，可在直播中推荐商品的功能。

Q：符合什么条件可以申请开通直播带货功能？

目前此功能正在进行内测，内测阶段会邀请部分符合条件的主播参与试用此功能。

内测结束后，可前往头条号（https://mp.toutiao.com/）-个人中心-创作者计划中申请开通「商品卡」权限

图5-26　直播带货属于内测功能

下面是今日头条主播开启直播带货后直播界面的效果图，点击下方的“购物带”按钮，即可看见产品，如图5-27所示。

点击

图5-27 今日直播主播开启直播带货后直播界面效果

5.2.3 今日头条直播的运营技巧

今日头条直播在管理上建立了一套完整的主播和直播内容审核流程，从主播的注册开始，需进行本人和身份证合照上传，或者人脸识别进行实名认证，并且禁止未成年人进行直播；其次对主播的信用进行评级，还有对直播间的内容进行审核，审核内容包括主播的资料、行为以及观众的资料。结合青少年模式，对于青少年进行相关直播内容的过滤和筛选。设置投诉举报的入口，实行用户监督，建立绿色的直播平台。

今日头条的直播在2019年春节期间，推出了“直播+答题”模式，推行了直播答题“百万英雄”活动，同样采取12道题，题目涵盖范围广泛，答题完成后可瓜分现金奖励。

5.3 网易号“易见”：提高自媒体人和粉丝之间的黏性

网易号平台也具有直播功能，网易号的直播走的是专业化、垂直化道路，而不是颜值道路。网易号直播目的是促进自媒体人进行直播，让自媒体人以直播的形式贴近粉丝，以社交为主要运营内容，增加了用户黏性，让直播的内容更多元化。

5.3.1 网易号直播的开通方法

网易号直播需要满足直播条件，你的网易号上自媒体的账号等级需为四星级，同时用户订阅量大于1万，满足条件才能开启直播，如图5-28所示。

图5-28　网易号直播申请条件

若账号满足条件，即可按照页面上方的操作流程进行直播申请。

步骤 01　登录网易号直播的后台，单击“互动中心”标签，选择“我的直播”选项，如图5-29所示。

图5-29　点击“我的直播”选项

步骤 02　网易号的直播支持两种直播形式，一种为图文直播，另一种为视频直播。按照信息要求进行填写，如图5-30所示。另外，直播的简介只需简单填写，进行图文直播，直播室头图和直播室列表图都需要按照要求规格进行上传，否则上传失败。

图5-30　填写直播间信息申请

步骤　03　直播设备可以采用两种方式，分别为萝卜App、直播go。使用这两个直播平台都需要注意一些事项，如图5-31所示。

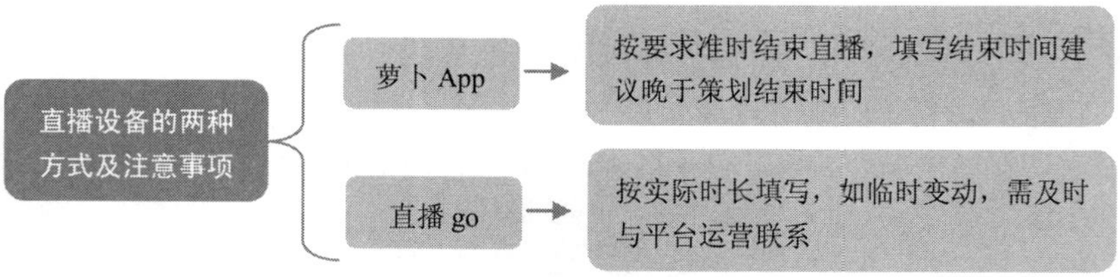

图5-31　直播设备的两种方式及注意事项

5.3.2　网易号直播的运营技巧

网易号的直播运营，可以通过直播内容进行运营。

内容运营是指依靠一些有内容的事物，比如图文、影音等，来传播企业的文化和价值，吸引用户的注意力，从而达到增强视频吸引力，增加产品销量的目的。

值得注意的是，在借助内容吸引网易号用户关注时，内容的选取非常关键。只有内容选对了方向，才能让营销获得最好的效果。图5-32所示为直播运营对选取内容的要求。

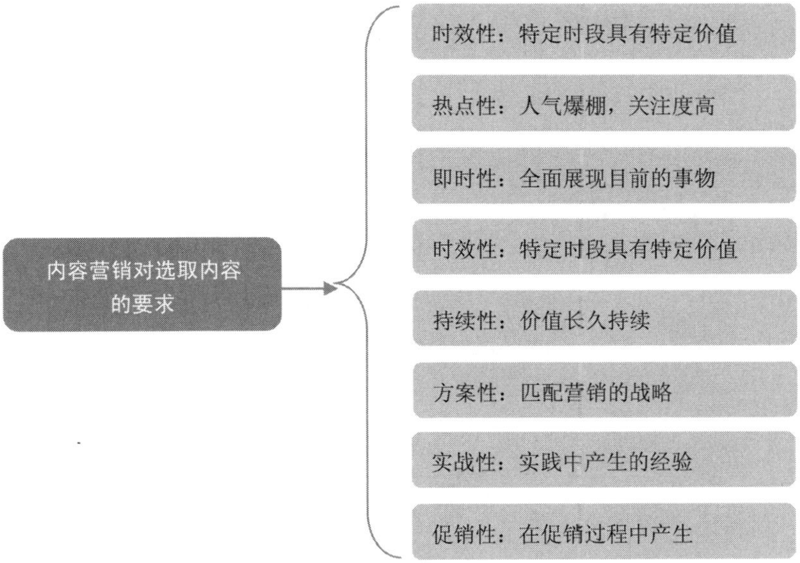

图5-32　内容营销对选取内容的要求

5.4 B站直播：广受年轻人喜爱的直播平台

B站也叫哔哩哔哩，深受广大年轻人喜爱的平台，78%的用户的年龄为18~35岁，B站上有许多内容有趣的视频，以“鬼畜”为主，同时B站也有大量丰富有趣的直播，一般在B站进行直播之前，大多数都会先进行视频投稿，再开启直播。当积累和拥有大量的粉丝以及足够的观看量之后，才会进行直播。

5.4.1 B站直播的开通方法

B站直播有两种开播方式，下面我们先介绍第一种在PC端如何进行直播。

1. PC端

打开电脑后，任意选择一个浏览器，例如360浏览器，再按照以下步骤，进行B站直播的开通操作。

步骤 01 在浏览器上搜索bilibili直播姬，点击主页超链接，进入如下网页，单击界面上的“立即下载”按钮，如图5-33所示，需要注意的是，目前下载bilibili直播姬仅支持Win7、Win8、Win10三种操作系统。

图5-33 搜索并下载bilibili直播姬

步骤 02 弹出“新建下载任务”对话框，设置文件夹的下载位置，单击“下载”按钮，如图5-34所示，进入下载操作。

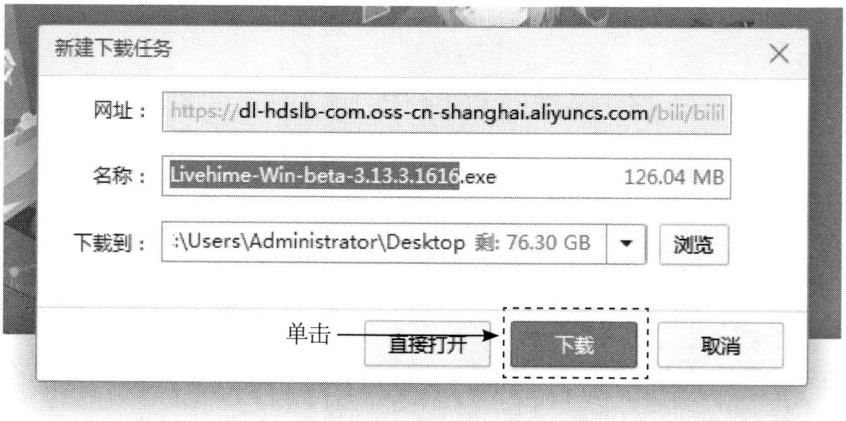

图5-34 弹出新建下载任务并单击“下载”按钮

步骤 03 下载完成后，打开程序包，单击页面中央的“立即安装”按钮，稍等片刻，等待电脑自动安装，如图5-35所示。

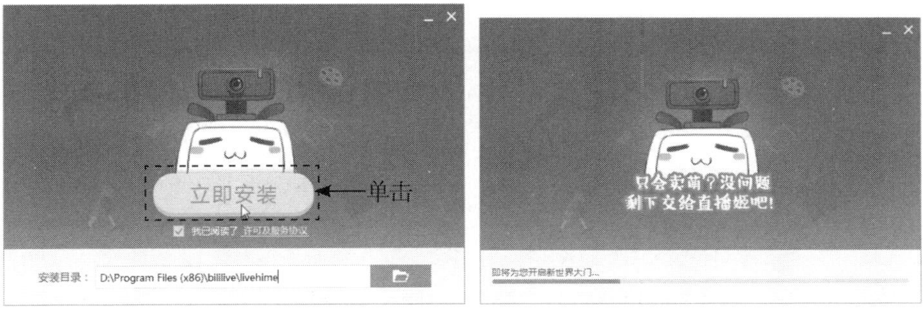

图5-35　单击“立即安装”按钮后等待安装

步骤　04　安装完毕之后，打开哔哩哔哩直播姬，填入你的B站账户和密码，进行登录，如图5-36所示。

> **提醒：**
>
> （1）软件的安装与下载建议存放在C盘以外的磁盘内，例如D盘、F盘。长期存放在C盘中，会导致C盘中的容量过多，进而影响电脑的运行速度，导致电脑操作反应缓慢，或者出现卡顿、死机等情况。另外，可在系统桌面单击“开始”|“所有程序”|“附件”|“系统工具”命令，在弹出的子菜单中，选择“磁盘清理”选项，对电脑磁盘进行清理。
>
> （2）登录bilibili直播姬时，若你忘记了B站登录密码，可点击“找回密码”按钮，通过账户绑定的手机号，进行手机验证码填写，找回B站账户。

图5-36　登录bilibili直播姬

步骤　05　登录bilibili直播姬后，在界面中，选择你的直播方式，如图5-37所示。

图5-37　选择你的直播方式

步骤　06　例如，❶单击“游戏”直播；❷只对窗口进行直播的话，可在界面左侧选择“窗口区域直播”选项；❸在右侧列表中选择你所要直播的游戏窗口，选择“帮助中心，哔哩哔哩直播”选项；❹单击“完成”按钮，如图5-38所示，即可新建“直播类型”窗口。

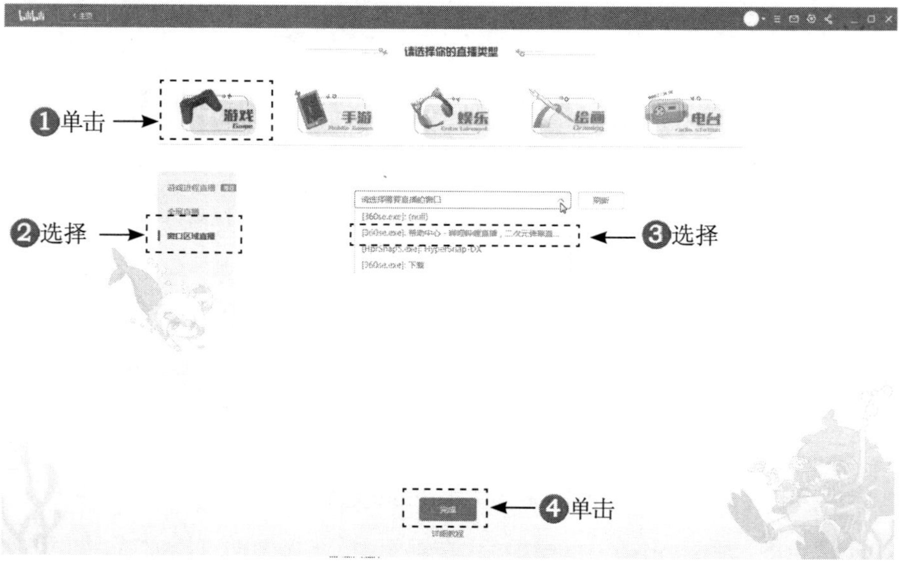

图5-38　选择你所进行直播的窗口

步骤　07　在“直播类型”界面左上角可选择直播的场景，接下来可以对直播的场景进行编辑，对整个直播画面进行布置，如图5-39所示。

图5-39　布置直播场景

步骤　08　编辑与布置完场景之后，单击右下角的“开始直播”按钮，如图5-40所示，即可进入B站直播。

图5-40　完成后点击“开始直播”按钮

2. 移动终端

以下是移动终端直播的操作演示，可供手机用户进行操作。

步骤 01 在应用商城搜索bilibili link App，选择该应用，❶点击“获取”按钮进行下载；❷下载完毕后点击“打开”按钮即可，如图5-41所示。

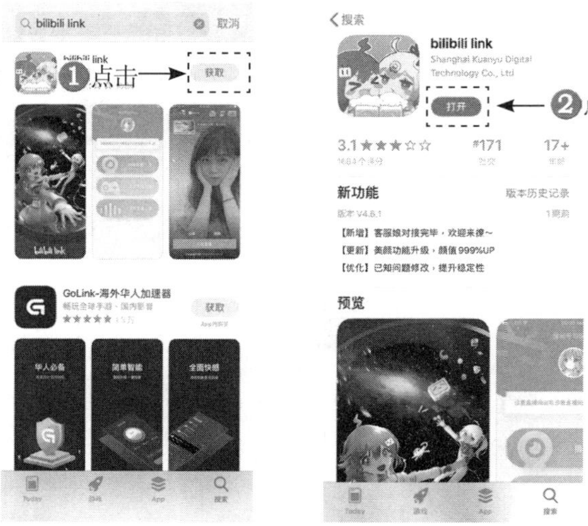

图5-41 搜索并下载“bilibili link”App

步骤 02 执行操作后，❶在App首页登录你的B站账号，如图5-42所示，弹出实名认证框；❷点击“去认证”按钮，如图5-43所示。

图5-42 登录B站账号

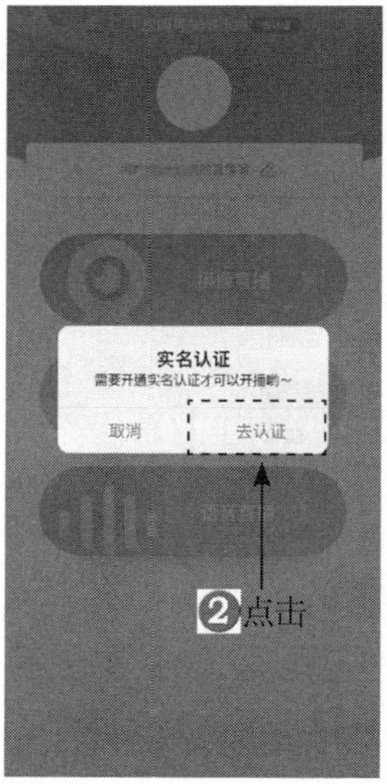

图5-43 点击“去认证”按钮

步骤 03 进入“实名认证”界面，如图5-44所示，进行认证资料填写，填写时需查看“注意事项”“证件要求”“照片要求”的相关信息，认证完之后，即可回到首页进行直播操作。

图5-44　登录账号并选择直播方式

5.4.2　B站直播的运营技巧

B站的直播相较于其他平台来说，直播的较晚，但在2018年12月B站与冯提莫进行了签约，可以看出平台对直播的投入。B站的直播分区内，除了游戏，在“娱乐”板块内最火的是视频唱见、舞见、视频聊天和学习，如图5-45所示。

图5-45　B站直播娱乐分区热门

在B站进行直播时，受众多为年轻人，一些过于枯燥或者太学术性的内容，会因为用户的受众范围小，观看量相应也会减少，所以在直播内容上要尽可能表现得有趣、生动。

第6章

短视频直播：巨大流量池，重构多种商业形态

本章主要介绍短视频的特点，以及短视频平台推出直播的优势，主要以抖音平台与快手平台为例，分别分析了两个平台各自的优势，以及两个平台直播的开通方式和平台直播的运营技巧，告诉主播在抖音和快手平台上如何进行有效的直播。

6.1 直播+短视频：优势互补，共享用户流量池

网络视频的类型多种多样，形式也在不断更新，随着时代的进步而变化。为了更熟练地进行短视频运营，了解短视频的类型是不可或缺的一个环节。

6.1.1 直播：即时互动性、沟通性强

直播具有及时互动性，主要通过弹幕的形式展现，几乎所有的直播都可以进行单向、双向甚至多向的互动交流。

对于企业而言，直播的这种优势能够帮助企业获得用户的反馈，从而更有针对性地对自身进行改进。对于用户而言，他们可以通过与企业发布的直播进行互动，从而对企业的品牌进行传播，或者表达自己的意见和建议，这种互动性使得企业的营销效果能够实现有效提升。

直播还具有沟通性强的特点，例如在进行电商直播时，用户会问到关于产品适应范围，针对护肤类的产品是适合干性的肌肤，还是适合油性的肌肤进行提问，服装类的产品尺寸大小是否有码等各类不同的问题，甚至在娱乐直播时，观看的用户也可以与主播进行问好。

6.1.2 短视频：内容碎片化、精细化、分享性

短视频时间较短，但是短短几分钟可以将一个原本复杂、枯燥的知识转化为简单且具有趣味性的内容。短视频的制作门槛较低，对于普通用户也能轻松上手。

1. 短视频内容的碎片化

短视频的诞生与人们逐渐忙碌的生活习惯息息相关，它能够让人们在零碎的时间观看，并且可以利用移动数据随时观看，因此短视频的使用场景多为碎片化的时间，而长视频的观看则需要花费更长的时长，并且适宜在稳定的网络环境下观看。

短视频具有三大优势，分别从用户需求、用户观看、用户黏性三个角度进行分

析，如图6–1所示。

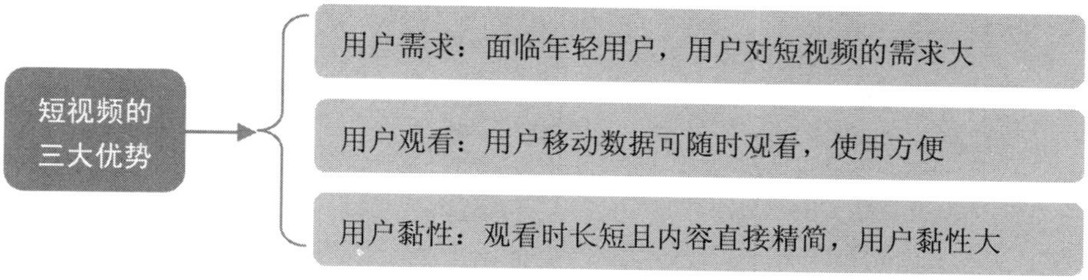

图6–1　短视频的三大优势

短视频的制作者分为四类，分别为普通用户、专业月户、专业机构、内容整合机构，如图6–2所示。

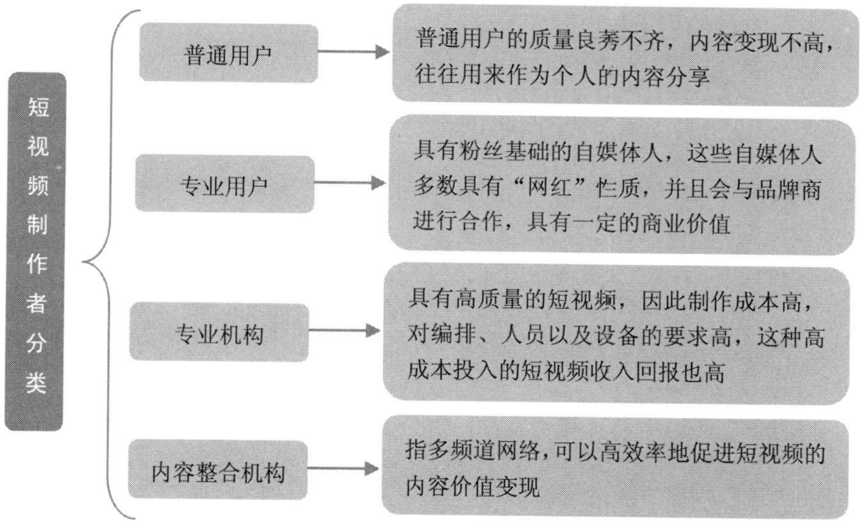

图6–2　短视频创作者分类

2. 短视频内容的精细化

短视频的内容精准，标签分类众多，以B站为例，B站的短视频分类共有2 354个频道，在频道下，共有25个标签选项，除用户订阅、热门、全部三个标签外，其他22个都是不同类型的标签。图6–3所示为B站的热门和学习类标签。

在这些标签下，又有不同细化分类，例如电影标签，它又可以分为影评、电影解说、漫威、微电影等，如图6–4所示，甚至还包括电影名称。另外，还有虚拟UP主，比如A.I.Channel、虚拟UP主等标签，如图6–5所示。

图6-3　B站的热门和学习类标签

图6-4　电影标签分类

图6-5　虚拟UP主标签分类

打开一个标签后，又有精选、综合、话题三个分类。有的标签界面中，还有热门活动，在“精选”分类的下方具有不同年份的标签可供用户选择。图6-6和图6-7所示分别为“搞笑”标签的页面和“汪星人”标签的页面。

图6-6 “搞笑”标签页面

图6-7 “汪星人”标签页面

这样精准的分类，可以让用户通过标签，快速找到自己所感兴趣的视频内容，并且大数据的算法让平台可以提供更佳精准的个性化视频推荐。

3. 短视频的分享性

以读书为例，对于想要读书却不知道读什么的人来说，大量的读书类分享视频具有很好的引导作用。4月23日为世界图书与版权日，也叫作“世界图书日”，快手平台在4月10日就开始推出“陪你读书”号游览指南活动。图6-8所示为快手四月“陪你读书”号游览指南海报。

图6-8 快手四月“陪你读书”号游览指南海报

也可以打开快手App，搜索“陪你读书”关键词，点击页面上方第一个活动海报，查看活动详情，如图6–9所示。

图6–9　快手App内查看四月“陪你读书”活动详情

6.1.3　短视频和直播相辅相成，转化流量

相较于短视频，直播的互动性更为及时且更直接，许多短视频平台都开通了直播功能，这种短视频与直播相结合的形式，既让主播与粉丝的交流得到了加强，也使得平台用户黏性增大。

短视频与直播的结合，将短视频和直播的不同优势进行有效结合，更好地促进了直播内容的变现。图6–10所示为短视频+直播各自的优势。

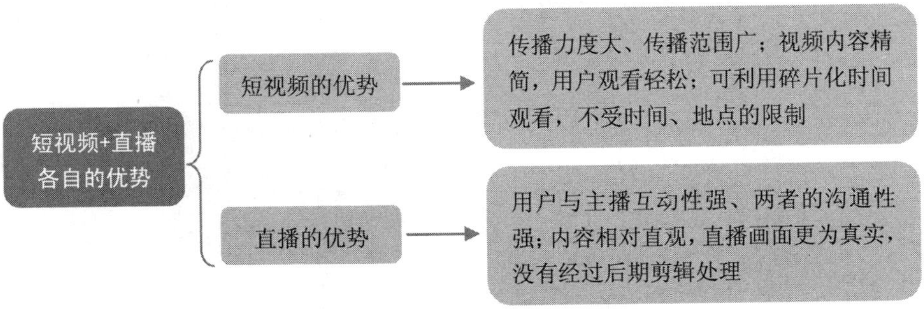

图6–10　短视频+直播各自的优势

快手四月推出的“陪你读书”活动，就是直播与短视频相结合的形式，如图6–11所示。活动内分为三个部分：大咖陪你读书、24小时公益直播接力、老铁爱书分享。

在“大咖陪你读书”标签中，可以看到一些大咖的直播间信息，依照直播时间可在时间内进入直播间，观看直播内容；在“24小时公益直播接力”标签中，所有用户都可以报名参与。

图6-11　“大咖陪你读书”标签与24小时公益直播接力

最后一个“老铁爱书分享”标签，用户可以在其中浏览关于读书分享的相关短视频，如图6-12所示，例如央视主持人白岩松的读书感悟分享，如图6-13所示。

图6-12　“老铁爱书分享”标签

图6-13　白岩松读书感悟分享

央视主持人康辉和谢娜也在其中分享了各自的新书，如图6-14所示。

图6-14　康辉和谢娜分别分享了个人新书短视频

6.2 抖音直播：算法推荐，实现爆发式涨粉

本节是抖音平台的特点以及抖音直播推荐算法机制，让用户更加了解抖音平台。

1. 抖音平台特点

抖音是今日头条孵化的一款短视频社交App，虽然是今日头条旗下产品，但在品牌调性（是基于品牌或产品的外在表现而形成的市场印象，从品牌与产品人格化的模式来说，等同于人的性格）上和今日头条不同。

今日头条的品牌调性更接近快手，用户基本集中在三四线城市以及广大农村，内容比较接地气，而抖音瞄准的大多是一二线城市的年轻用户，85%以上的用户是“95后”和“00后”人群，因此内容更加潮酷。

在功能方面，抖音与快手非常相似，两款社交短视频产品也经常被拿来比较，两者最大的区别还是品牌调性和用户画像，快手更加“真实”和“接地气”，而抖音更加“高大上”和酷炫。

抖音运营者发布的每一条内容，抖音审核员都可以看得到。另外，抖音平台会根据抖音视频的推荐基数（根据浏览人数、点赞和评论比例等数据设置的一个基础值）、视频播放量、点赞量、评论量、转发量、账号的资料完整度和认证情况等进行权重的计算，然后按照得分排序，决定审核的顺序。视频审核之后，会根据审核结果决定视频的推荐量。

2. 抖音直播推荐算法机制

抖音有自己的推荐算法机制，如图6-15所示。如果抖音运营者想在一个平台上成功吸粉，首先需要了解这个平台的爱好，知道它喜欢什么样的内容，排斥什么内容。抖音运营者在抖音发布作品后，抖音平台对于作品会有一个审核过程，其目的就是筛选优质内容进行推荐，同时杜绝垃圾内容的展示。

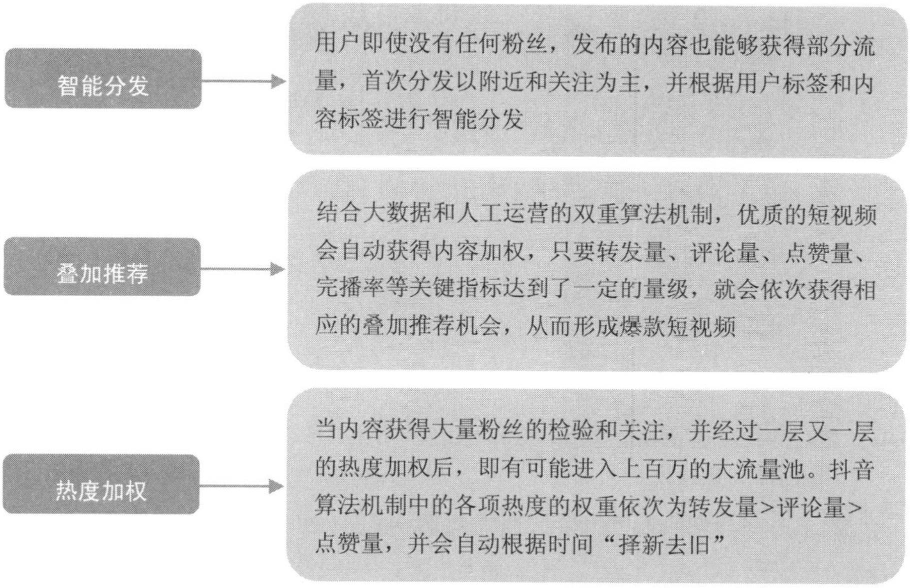

图6-15　抖音的推荐算法机制

6.2.1　抖音直播的开通方法

以下是抖音直播的开通方法，只需要一台手机即可。

1. 抖音直播开通方法

对于抖音运营者来说，抖音直播可谓是促进商品销售的一种直接而又重要的方式。那么，究竟要如何开抖音直播呢？下面，笔者就对开直播的方法流程进行简单的说明。

步骤 01　登录抖音短视频App，进入视频拍摄界面，❶点击界面中的“开直播”按钮，进入直播设置界面；❷点击右侧的“带货”按钮，如图6-16所示。抖音运营者可以在直播设置界面上方设置直播封面和标题。当然，此前开过直播的抖音号，系统会默认显示之前的直播封面和标题。抖音运营者也可以选择直接使用默认的直播封面和标题。

步骤 02 进入图6-17所示的“选择直播商品”界面，在该界面中❶勾选需要添加的商品；❷点击“完成”按钮。需要注意的是，该界面中出现的商品来自账号的商品橱窗，如果大家需要添加其他商品，应先将商品添加至商品橱窗。

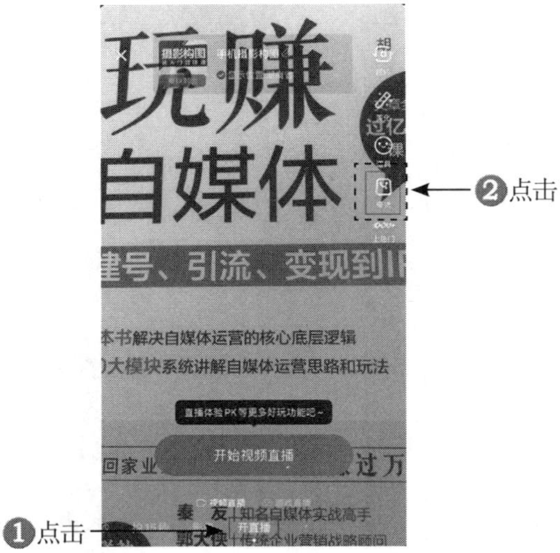

图6-16 直播设置界面

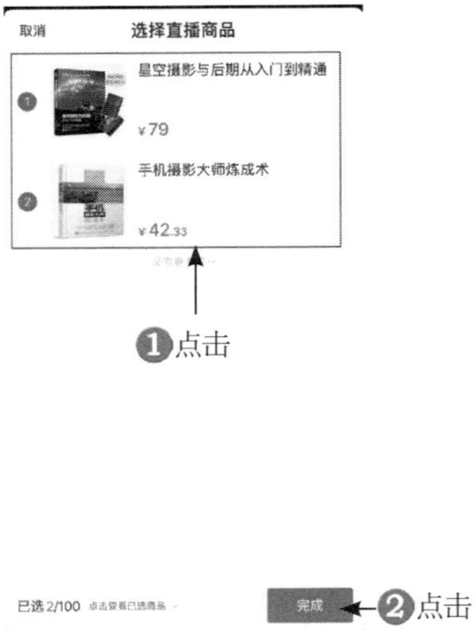

图6-17 “选择直播商品”界面

步骤 03 操作完成后，返回“直播设置”界面，此时“商品”所在的位置会显示添加的商品数量。确认商品添加无误后，点击下方的“开始视频直播”按钮，如图6-18所示。

步骤 04 操作完成后，进入直播倒计时。完成倒计时后，便可进入直播界面，如图6-19所示。

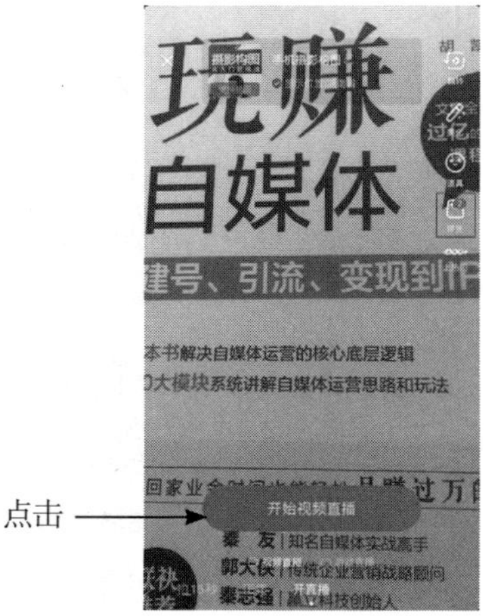

图6-18 点击“开始视频直播”按钮

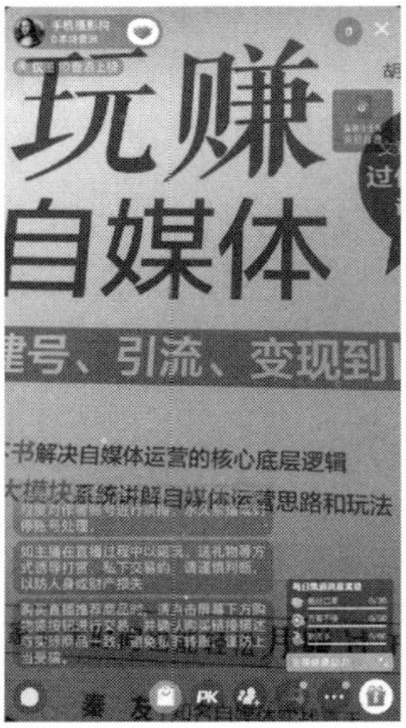

图6-19 进入直播界面

2. 抖音直播中常见问题解决

在直播过程中，我们可能会遇到直播没声音、卡屏等问题，那么这些问题怎么解决呢？我们可以通过以下操作找到解决方法。

步骤 01 从抖音主页中进入“设置”界面，选择界面中的“反馈与帮助”选项，如图6-20所示。

步骤 02 进入“反馈与帮助”界面，选择界面中的“直播（直播权限申请、直播其他问题、充值提现）”选项，如图6-21所示。

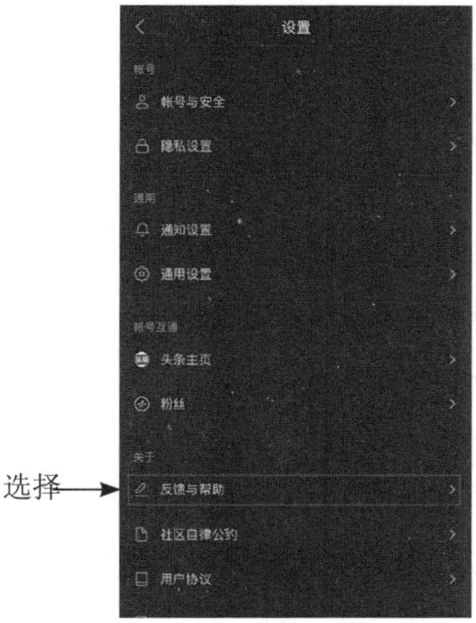

图6-20 “设置”界面

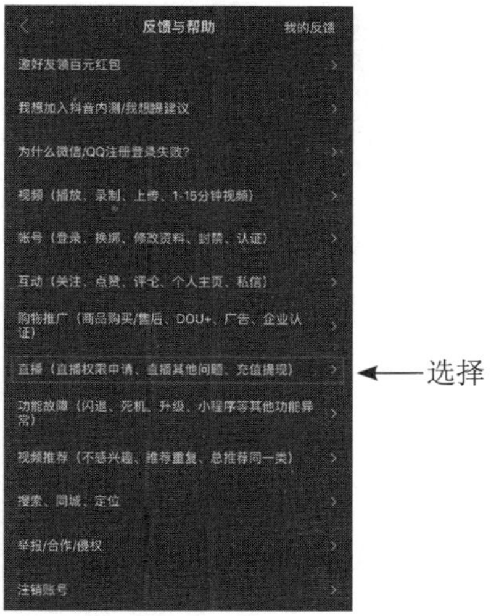

图6-21 “反馈与帮助”界面

步骤 03 进入直播问题反馈与帮助界面，选择界面中的“主播开直播”选项，如图6-22所示。

步骤 04 进入主播开直播的反馈与帮助界面，如图6-23所示。该界面中会显示一些与开直播相关的问题。抖音运营者只需选择对应的问题选项，即可了解问题的解决方法。

例如，选择“为什么直播时没有声音？”选项，即可进入问题解答界面，如图6-24所示。

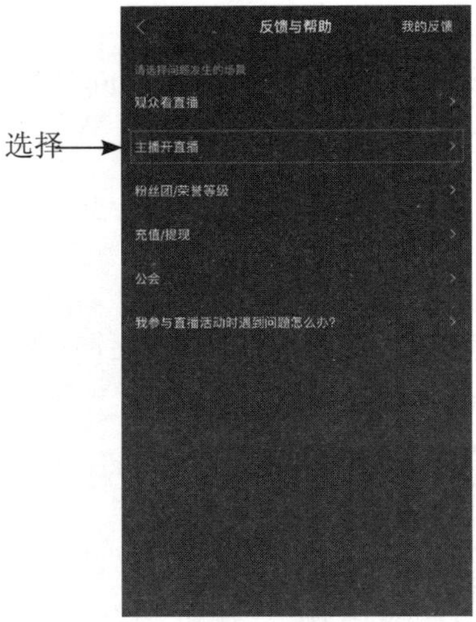

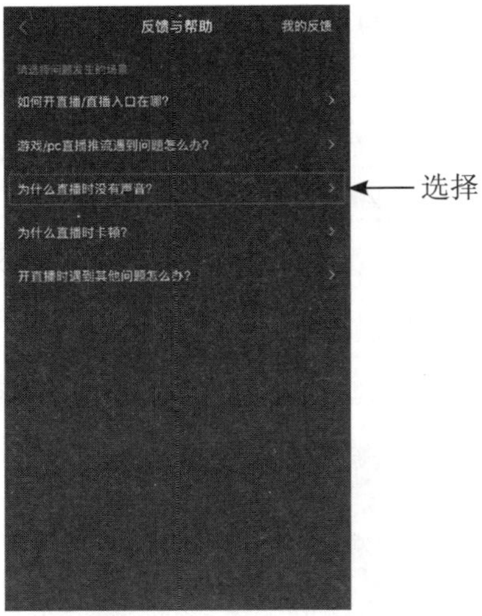

图6-22　直播问题反馈与帮助界面　图6-23　主播开直播的问题反馈与帮助界面

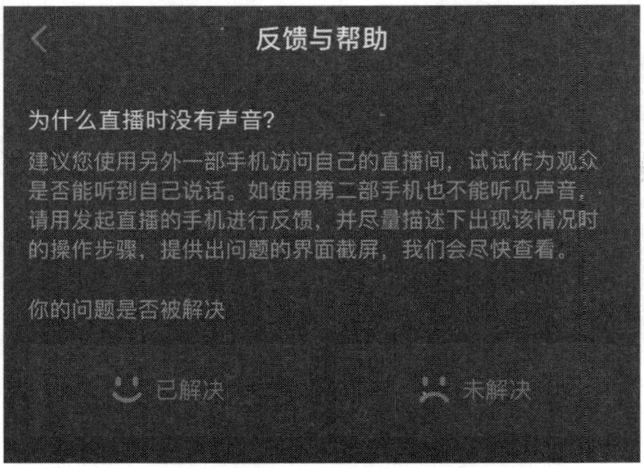

图6-24　直播时没有声音的问题解答界面

6.2.2　抖音直播的运营技巧

以下是抖音直播的运营技巧，分别为平台运营技巧和主播运营技巧。

1.“同城”界面

抖音推荐分为两种，一种是全平台的推荐，另一种是同城推荐。通常来说，同城推荐界面的左上方位置会推荐直播内容，抖音用户只需点击其所在的位置，便可直接进入直播间，如图6-25所示。

图6-25　从同城推荐界面进入直播间

2. 直播广场界面

❶在“首页”界面的左上方有一个“LIVE”按钮，抖音用户只需点击该按钮便可进入某个直播间，当然，此时看到的只是系统随机推荐的一个直播间的内容；❷在直播间，可以点击右上方的“更多直播”按钮观看其他直播，如图6-26所示。

图6-26　从“首页”界面进入直播间

点击“更多直播”按钮之后，可进入“直播广场”界面，如图6-27所示。直播广场会对部分直播进行展示，抖音用户只需点击对应直播所在的位置，即可进入其直播间，查看直播内容，如图6-28所示。

图6-27　直播广场界面

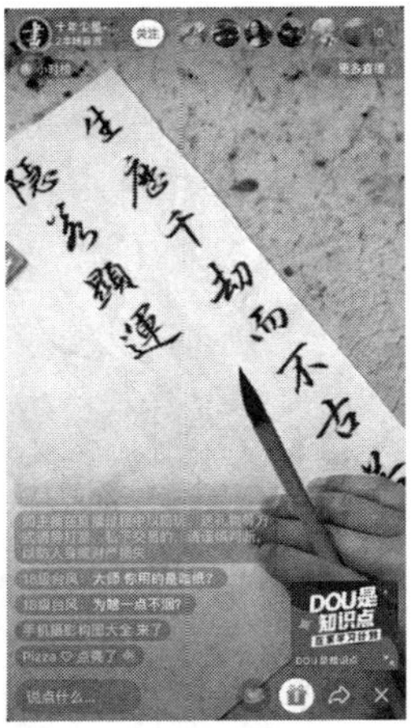

图6-28　从直播广场进入直播间

3. 主播直播运营技巧

（1）吸引人的直播封面

抖音直播的封面图片设置得好，能够为主播吸引更多的粉丝观看。目前，抖音直播平台上的封面都是以主播的个人形象照片为主，背景以场景图居多。抖音直播封面没有固定的尺寸，不宜过大也不要太小，只要是正方形等比就可以，但画面要做到清晰美观。

（2）合适的直播内容

抖音直播的内容目前以音乐、游戏和户外为主，不过也有其他类型的直播内容在进入，如美妆、美食、“卖萌”以及一些生活场景直播等。从抖音的直播内容来看，都是根据抖音社区文化衍生出来的，而且也比较符合抖音的产品气质。

在直播内容中，以音乐为切入点可以更快地吸引粉丝关注，在更好地传播好音乐的同时，也可以让主播与粉丝同时享受到近距离接触的快感。

6.3 快手直播：社交助力，打造强情感联结

每个App都有各自的历史，首先我们了解一下快手平台的历史。

1. 快手历史

2011年，快手还叫“GIF快手”时，只是一款制作和分享GIF动态图的工具。

2013年7月，“GIF快手”从工具类应用转型为短视频类应用，改名“快手”，名称沿用至今。

快手算是最早扎根于短视频分享的App，一时风头无两。那时，与快手平分半壁江山的抖音还没有创建，美拍与小咖秀这些短视频还在一二线市场抢夺，而快手创始人却走上了不同寻常的道路，挖掘下沉市场，将“快手”这个产品贴近并为三四线城市的草根量身定做。

2016年，一篇《残酷底层物语，一个视频软件的中国农村》文章在网络走红，文章中披露了快手存在低俗、猎奇内容。2018年又受到央视的批评，随后其创始人发文《接受批评，重整前行》进行道歉，并对快手进行改革，加入很多正能量内容。至此，快手正式迈入2.0时代。

2018年，快手推出“快手营销平台”，以社交为中心，整合快接单、快享计划、快手小店等内容和功能。现今，电商为了摆脱扁平化桎梏和加速商业化进程，各大电商开始造节，阿里造“双十一”，京东造“618”，苏宁造“818”……在这种情形下，2018年11月6日，快手推出首届电商节，至此快手完成商业化布局，正式开启商业变现的旅程。

2. 快手平台定义

虽然同为短视频应用，但是快手和抖音的定位完全不一样。抖音的红火靠的就是马太效应——强者恒强，弱者越弱。就是说在抖音上，本身流量大的网红和明星可以通过官方支持获得更多的流量和曝光，而对于普通用户而言，获得推荐和上热门的机会就少得多。

快手的创始人之一宿华曾表示：“我就想做一个普通人都能平等记录的好产品。”这个恰好就是快手这个产品的核心逻辑。抖音靠的是流量为王，快手是即使损失一部分流量，也要让用户获得平等推荐的机会。

当然，正因为这个核心逻辑，快手才会那么火。

3. 快手直播

快手平台的直播与抖音平台的直播不同，快手直播分发的流量会尽可能平均，采取“去中心化”的运作模式，这使得更多的普通用户得到了较好的曝光机会，同时快手的流量部分掌握在主播的手中，这对主播来说具有很好的优势。

6.3.1　快手直播的开通方法

下面我们介绍快手直播的开通方法，可按照以下步骤进行操作。

步骤　01　进入快手短视频App之后，点击首页界面下方的“摄像头”符号，进入拍摄界面，如图6-29所示。

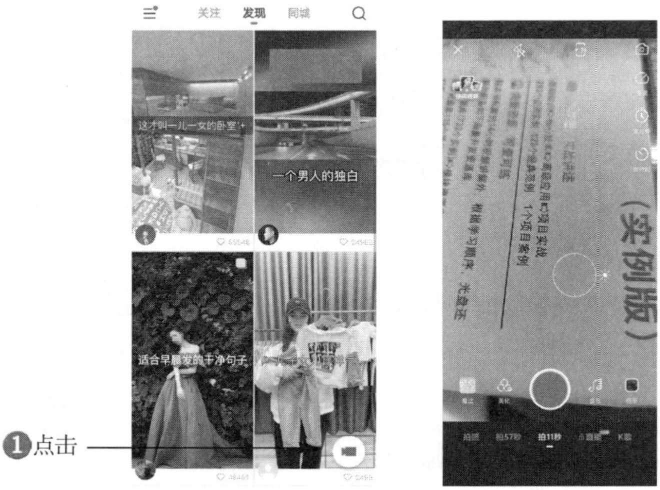

图6-29　点击摄像头符号，进入拍摄界面

步骤　02　①滑动下方按钮，点击“直播”选项，进入直播界面；②点击“申请权限”按钮；③进入“申请直播权限”界面，依次开通申请权限即可，如图6-30所示，完成之后即可开通快手直播。

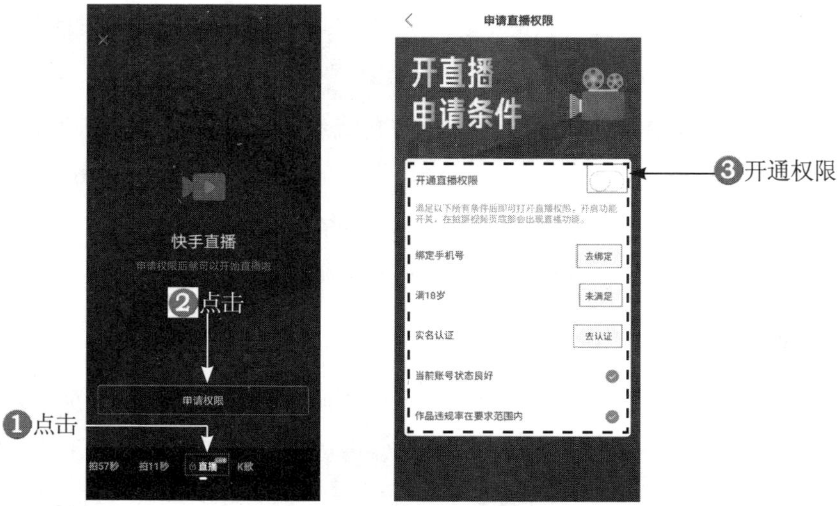

图6-30　进入直播后开通直播权限

6.3.2 快手直播的运营技巧

以下是快手直播的运营技巧介绍，从两个方面，平台和主播角度出发。

1. 直播间百宝箱

大多数短视频平台的礼物都需要花钱购买，快手却有一些不同。快手用户可以根据在线查看直播的时间，点击直播间的百宝箱，在“每日百宝箱”对话框中领取对应的快币，如图6-31所示。

领取快币之后，快手用户还可以将快币兑换成猫粮，作为礼物送给主播，从而提高直播间的热度，如图6-32所示。

图6-31 领取快币

图6-32 快币兑换礼物送给主播

2. “同城”直播

快手短视频App会根据用户的位置，显示同城界面的名称。例如，笔者身处长沙，同城界面的名称便显示为“长沙”。“同城”界面会将该城市中快手号发布的直播进行推荐，如图6-33所示。

另外，“同城”界面中还提供了“附近的人”“附近的群”和“聊天直播”板块的入口。例如，点击“附近的人”，便可进入图6-34所示的“附近的人”界面。

> **提醒：**
>
> **观看同城时需要先开启定位服务，设置完成之后，才会为你提供更精准的同城视频，如果用户不喜欢个人信息被暴露得太多，可以拒绝并限制访问位置权限。**

图6-33　“同城”界面

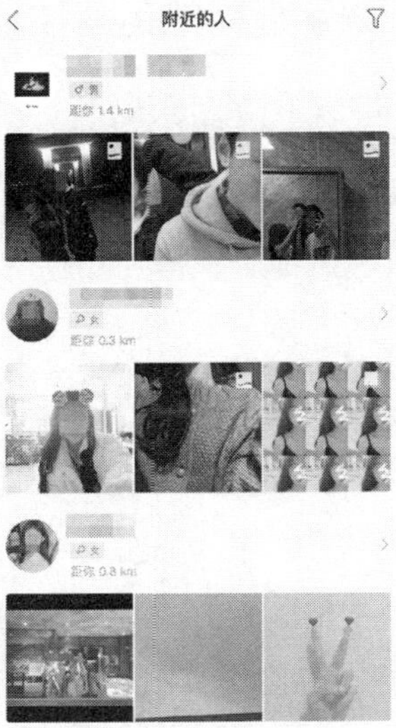

图6-34　“附近的人”界面

3. “无人物”直播

（1）游戏场景+主播语音

大多数快手用户看游戏类直播，重点关注的可能还是游戏画面。因此，这一类直播，直接呈现游戏画面即可。另外，一个主播之所以能够吸引快手用户观看直播，除了本身过人的操作之外，语言表达也非常关键。因此，游戏场景+主播语音就成为许多主播的重要直播形式。图6-35所示的两个直播采取的便是这种直播形式。

图6-35　游戏场景+主播语音的直播形式

（2）真实场景+字幕说明

发布的短视频可以通过真实场景演示和字幕说明相结合的形式，将自己的观点全面地表达出来，这种直播方式可以有效避免人物的出现，同时又能够将内容完全展示出来，非常地接地气，自然能够得到大家的关注和点赞。

（3）图片+字幕（配音）

如果直播的内容都是一些关于抖音、微信、微博营销的专业知识，那么快手运营者可以选择采用（图片+字幕或配音）的形式进行内容的展示。

（4）图片演示+音频直播

通过“图片演示+音频直播”的内容形式，可以与学员实时互动交流。用户可以在上下班路上、休息间隙、睡前、地铁上、公交上、上厕所、边玩App边听课程分享，节约宝贵时间，带来更好的体验。

4. 稀缺内容直播

快手运营者可以从快手相对稀缺的内容出发，进行账号定位。例如，快手号“疯狂的小杨哥”就是定位为整蛊网瘾弟弟的一个账号。

像这种专门做整蛊网瘾少年内容的快手号本身比较少，因此，其内容就具有了一定的稀缺性。再加上随着网络，特别是移动网络的发展，越来越多的青少年开始有了网瘾。所以，许多人看到这一类视频之后，就会觉得特别贴合现实。

除了平台上本来就稀缺内容之外，快手运营者还可以通过自身的内容展示形式，让自己的账号内容，甚至是账号，具有一定的稀缺性。其中比较具有代表性的快手号是“巴顿Patton”。

快手号“巴顿Patton”是定位为一个分享小猫日常生活的账号，在这个账号中经常会发布以一只小猫为主角的视频。如果只是分享小猫的日常生活，那么，只要养了小猫的快手运营者便都可以做。而“巴顿Patton”的独特之处就在于它结合小猫的表现进行了一些特别的处理。

具体来说，该快手号的视频中会通过一些字幕，来表达小猫的“所说”和“所想”，如图6-36所示。这样一来，结合字幕和小猫在视频中的表现，就会让人觉得小猫很调皮可爱。

快手上宠物类视频不少，但是，像这种显得调皮、可爱的小猫却是比较少的。因此，这个定位为通过字幕分享小猫日常生活的账号，很容易地获取了许多人的持续关注。

提醒：

可以利用平日对猫咪活动姿态的拍摄，进行剪辑与配字，养了多只猫咪或者一只猫咪和一只狗狗的用户也可以对其玩耍视频进行生动化处理，做成连续剧。

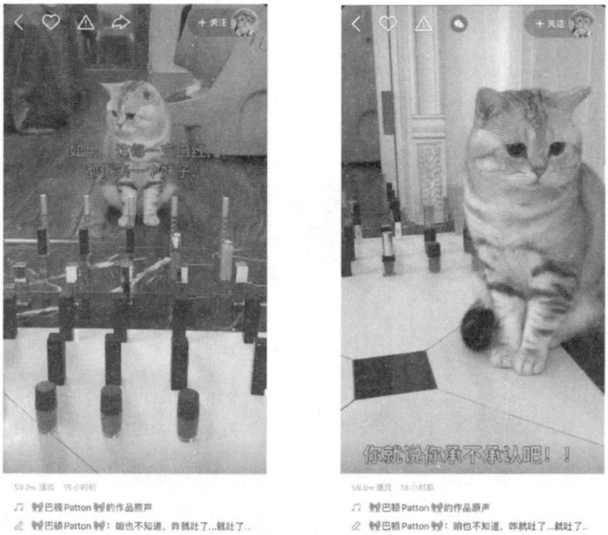

图6-36　“巴顿Patton”发布的快手视频

第7章
社交直播：立足流量优势，聚合泛社交的玩法

本章主要介绍社交直播，分别讲述了直播社交化趋势的优势，以及社交直播的衍生产业有哪些？例如电台、小游戏、连麦PK、电影等，并对社交直播的注意事项从三个方面进行了阐释，最后以微信直播和陌陌直播为例进行了分析说明，让用户更全面地了解社交直播。

7.1 直播+社交：激活直播中关系链的活跃度

社交类的直播在直播行业中，生命力强，发展稳定，同时也有许多的社交平台推出了直播功能，例如微博的一直播，微信的NOW直播。一直播借助微博在直播行业中崛起，NOW直播在微信平台上也广受年轻人喜爱。无论是直播平台还是社交平台，两者都开始互相渗透。

社交是人们日常生活中所必需并且摆脱不了的行为，因为人类是群居动物，并且具有社会属性，所以社交在人们生活中不可或缺，社交类型的直播就是基于人类对社交的需求出现的。社交直播的主要作用是给予用户陪伴，并且满足用户精神上的需求，其以直播的方式进行社交关系，打破了陌生人社交时不知所措的尴尬局面，并且在直播中也提高了陌生人的社交效率。

7.1.1 社交化成直播平台的新转机

对于中国移动社交市场来说，最主要的用户是“95后”、“00后”群体，这个年龄阶段的群体热衷于轻松愉快的社交模式，因此各类型的泛娱乐社交App深受移动社交厂商的喜爱。

陌陌平台在社交与直播的结合中是行业较早推出的，这样的业务调整，及时地改变了陌陌亏损的状态，促使其业绩增长，并在行业内保持领先。对于陌陌直播来说，社交化能有效提升用户的数量以及使用黏性。

腾讯的NOW直播也是基于社交的因素推出的，腾讯的NOW直播是与其QQ以及QQ空间相连接的，甚至可以在微信上观看，而QQ和微信具有大量的社交积累，是排名前几位的社交平台，所以对于NOW直播来说，具有强大的用户基础，以及明显的流量优势，这让腾讯NOW直播连续几年获得了“年度十大直播平台”的奖项。

腾讯NOW直播具有以下三点优势，分别体现在用户、内容、分发平台三个不同角度，如图7-1所示。

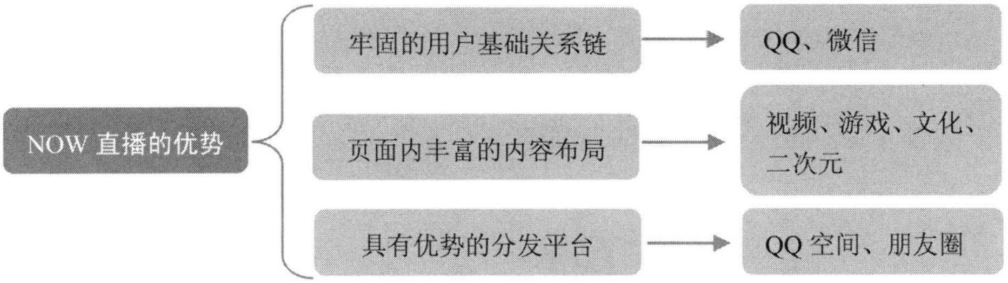

图7-1 NOW直播优势

这些优势的结合，既有利于NOW直播中直播内容的推广，也有利于NOW直播平台的发展。

7.1.2 社交直播衍生产业逐渐增多

各类App行业中都开始呈现社交化的趋势，例如游戏社交化，像一些热门手游：王者荣耀、绝地求生、炉石传说等，都具有社交化倾向，另外也有社交的游戏App推出直播功能，例如玩吧、我是迷、百变大侦探等。与此同时，社交直播衍生生产业逐渐增多，例如推出电台、小游戏、连麦PK、电影等形式。

这样的衍生形式让用户通过个人的兴趣找到兴趣爱好相同的朋友，正满足了“95后”“00后”的新型社交需求，以下是各类衍生产业的具体分析。

1. 社交+直播+电台

在玩吧App中，设置有语音房间，如图7-2所示，语音房间内具有电台模块，这些电台属于电台直播，用户在收听主播电台的同时，可以与收听用户进行社交互动，例如用户根据电台直播内容，进行个人见解的发表，与共同收听的用户进行彼此经验的分享，进而达到相互陪伴的目的。电台直播的多人群聊，打破了双人一对一的紧张尴尬的局面，让聊天变得更轻松，社交变得更容易。

2. 社交+直播+小游戏

社交、直播与小游戏三者结合，可以参考陌陌直播中的“心动狼人”功能，在这个功能内，分为两个模块，第一个是“来吧狼人”模块，第二个是“狼人交友”模块，在第一个模块内，用户可以自行创建房间，如图7-3所示；点击“我开一局”按钮，进行游戏，也可以在下方点击进入其他用户已开启的房间，进行游戏。第一个“来吧狼人”模块以游戏为主，第二个“狼人交友”模块则更倾向于社交。如

图7-4所示，为“狼人交友”模块。

图7-2　玩吧App内的语音房间

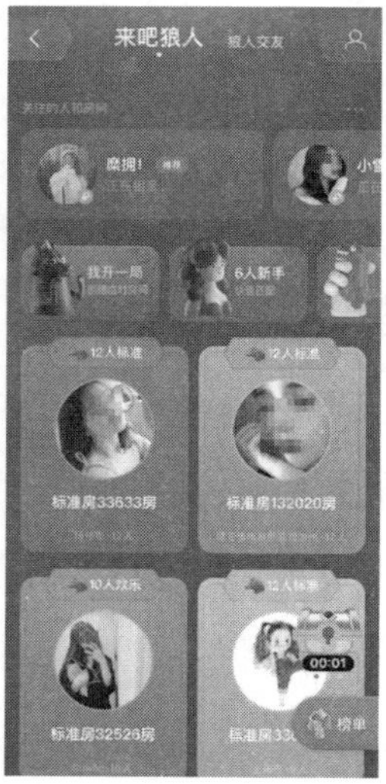

图7-3　“来吧狼人”模块

图7-4　“狼人交友”模块

以“狼人交友”模块为例，随意选择界面内的房间，点击进入，如图7-5所示，为“狼人交友”主播房间界面，界面中部显示的是主播和嘉宾，界面最上方四个头像是正在发言的游戏玩家，对于想要参与发言的用户可以点击右下方的“申请上麦”按钮，参与语音并进行游戏。

图7-5　“狼人交友”主播房间界面

3. 社交+直播+连麦PK

主播在直播的同时，可以与其他直播间进行连麦互动，主播双方进行PK。连麦对于主播来说，能够很好地提高自身的曝光率，所以许多主播选择直播间连麦PK。

以下是快手直播平台中正在连麦PK的直播界面，如图7-6所示。在连麦中，主播双方可以进行游戏互动，并设置相应的游戏惩罚，也可以进行聊天，才艺比拼。

图7-6　正在连麦PK的快手直播界面

4. 社交+直播+电影

电影社交直播主要面对的群体为电影爱好者，在进行电影直播时，主播需要注意电影的版权问题，最新的影院电影是不允许在直播间进行个人直播的。直播的电影类型大多以恐怖片为主，对于独自不敢观看但又想看恐怖片的用户，这样的直播内容正好满足了他们的需求。

7.1.3　做社交直播需要注意的事项

在社交直播中，我们需要注意如何吸引粉丝，获得关注量。粉丝的来源一般通过三个渠道，在三个渠道中我们又需要注意哪些事项？本小节将为读者进行解答。

1. 平台

平台内获取粉丝的方式可以有以下几种，第一种获取粉丝的方式是平台流量，也可以通过平台内的活动进行曝光，第二种是所在公会的扶持，第三种是平台内相似主播的推荐，直播平台的选择是进行社交直播时需要注意的第一点。

在进行社交直播之前，用户需要事先了解各个社交直播平台，分析选择最适合自己的一个平台。一个适合的平台可以决定主播的直播上限，同时对于主播来说，好的平台拥有更为成熟的运行规则和产品，更有利于自身的发展，需要注意的是主播在与平台进行合作时，不要频繁地更换直播平台，过于频繁地更换平台不利于粉丝的积累以及自身的发展。

以下是热门直播平台简单汇总，如图7-7所示。

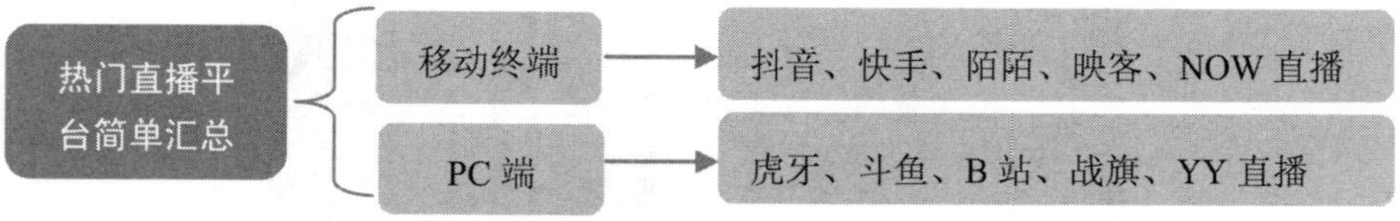

图7-7　热门直播平台简单汇总

2. 个人社交媒体

个人社交媒体是主播获取粉丝的第二个方式，在进行个人社交时，拥有一个识别度高的网名，能让更多的用户记住你，并且吸引更多的粉丝。在制定网名时，我们可以从以下几点出发，如图7-8所示，在此基础上，你的网名还需要读起来顺口、听起开悦耳、记起来轻松。

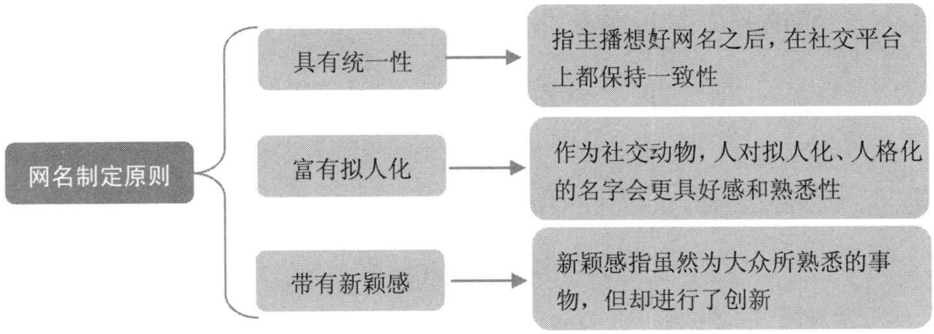

图7–8　网名制定规则

3. 其他自媒体

自媒体影响行业的发展，对于行业内部来说，是推广和传递信息的重要工具，同时也是外界熟悉行业信息的一种重要渠道。

对于直播来说，以游戏直播为例，有一些专门收录当下热门游戏主播信息，进行内容制作汇总的自媒体，例如B站的“起小点是大腿”用户，在他的投稿界面中，会显示许多热门主播直播时的精彩锦集，以及主播的一些趣事分享，如图7–9所示。

图7–9　B站UP主“起小点是大腿”游戏主播汇总

自媒体在进行信息输出时需要大量主播的素材，作为一个主播，可以把握机会，利用自媒体的采访，进行个人推广，来获得自己的粉丝资源和其他合作的资源。

7.2 微信直播：以熟人社交为主，加强用户间的黏性

微信直播，以微信用户作为基础，主要针对的是用户的好友，以及相同交际圈内的用户，微信直播的优势，能够加强用户彼此之间的黏性。微信直播的方式，主要有两种，一种是公众号直播，另一种是小程序直播，本小节分别介绍两种直播的开通方式。

7.2.1 公众号的直播方式

微信公众号的直播需要借助直播平台，这里我们将借助微赞直播来进行开通示范，介绍微信公众号的直播方式。

步骤 01 首先打开App商城，搜索“微赞直播”App，❶点击“获取”按钮进行下载，下载完成后；❷点击“打开”按钮，如图7-10所示。

图7-10 下载“微赞直播”App

步骤 02 执行操作后，进入App首页，❶点击右下方的“我的”按钮，进行登录，如图7-11所示；❷点击“微信登录”按钮，如图7-12所示，即可跳转到微信界面，进行授权登录。

图7-11 点击“我的”按钮

图7-12 点击“微信登录”按钮

步骤 03 登录完成之后，进入相应界面，❶点击下方的◙按钮，如图7-13所示，在显示列表的六个选项：视频直播、图片直播、上传小视频、第三方直播、图文直播、语音直播中；❷选择“视频直播”选项，如图7-14所示。

图7-13 点击视频图标按钮

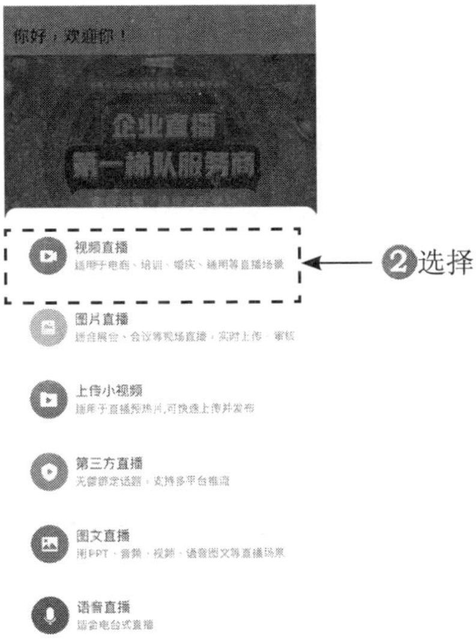

图7-14 选择“视频直播”选项

步骤 04 执行操作后，弹出“提示”文本框，邀请用户开通直播间，❶点击

“立即开通”按钮，如图7–15所示，界面跳转后；❷点击“一键创建直播间”按钮，如图7–16所示。

图7–15　点击“立即开通”按钮

图7–16　点击“一键创建直播间”按钮

步骤　05　执行操作后，❶在界面内填写你的个人信息，如图7–17所示，姓名以及电话号码，完成后点击“获取验证码”按钮，等待手机验证码信息，同时你可以查看《服务协议》，验证码发送到手机后，输入验证码上的数字；❷点击“阅读并同意《服务协议》”复选框；❸点击“一键开通”按钮，弹出直播间认证；❹点击“去认证”按钮，如图7–18所示。

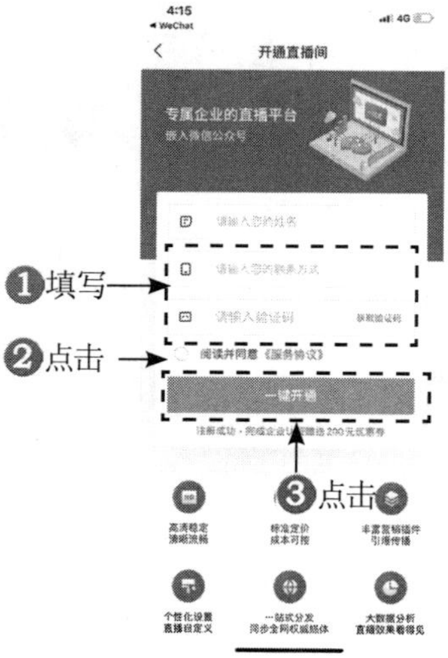

图7–17　填写完信息之后，点击“一键开通”按钮

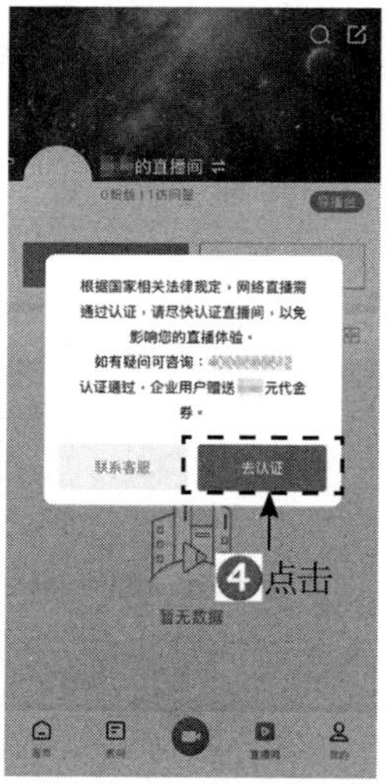

图7–18　点击“去认证”按钮

步骤 06 进入直播间认证后，可以选择“企业”选项和“个人”选项，❶选择“企业”选项，企业的认证需要另填写公司的规模，如图7-19所示；❷个人用户请选择“个人”选项，如图7-20所示。

图7-19 “企业”认证信息填写

图7-20 “个人”认证信息填写

步骤 07 选择“个人”认证需要进行下一步身份证号的填写与上传，如图7-21所示，填写完之后，❶点击“提交认证”按钮，认证之后；❷选择“视频直播”选项，如图7-22所示。

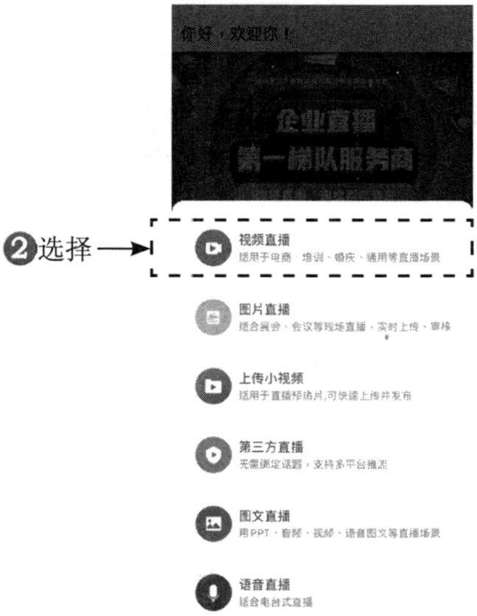

图7-21 下一步资料填写后，点击“提交认证”按钮 图7-22 选择“视频直播”选项

步骤 08 ❶进入创建直播界面，进行直播间信息填写，如图7–23所示，直播的场景具有四个选项，如图7–24所示。填写完之后；❷点击“创建直播”按钮，即可开始直播，直播完之后将链接复制分享在公众号之中即可。

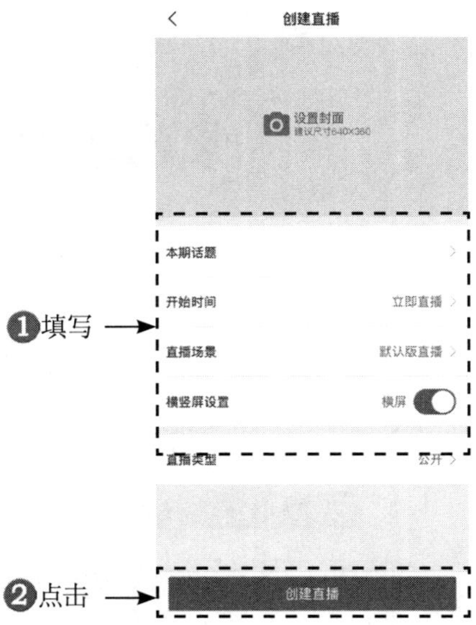

图7–23　填写直播间信息

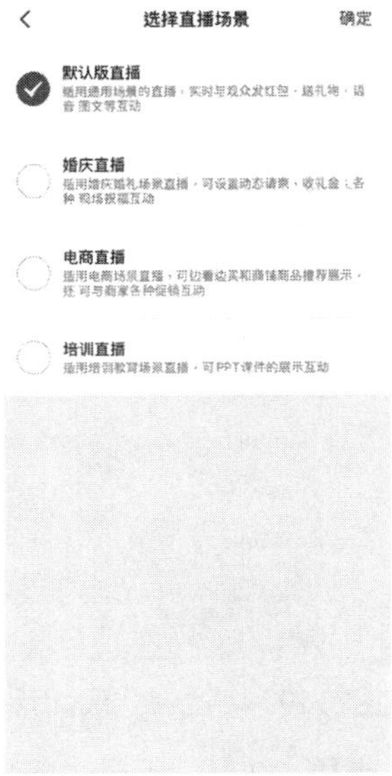

图7–24　选择直播场景

7.2.2　小程序的直播方式

微信小程序直播的开通需要具备两个条件，一是拥有自己的小程序；二是小程序收到了微信的公测邀请。公测邀请可登录小程序后台，左侧的“功能–直播”中查看邀请。

以下是小程序直播的条件：

（1）满足小程序的18个开放类目，如图7–25所示。

（2）主体下的小程序在近半年没有出现严重违规现象

（3）小程序近90天内，有过用户支付现象

（4）主体下公众号累计粉丝数量大于100人

（5）主体下小程序连续7日日活跃用户数大于100人

（6）主体在微信生态内近一年广告投放实际消耗金额大于1万元

图7-25　小程序的18个开放类目

提醒：

前三条条件需全部符合，后三条满足其一即可。收到公测邀请的可直接进行直播，若小程序没有收到邀请，请耐心等待。

如果没有微信小程序，可以先注册微信小程序，以下是微信小程序的注册方式。

步骤　01　在浏览器搜索并进入微信公众平台，进入后单击“小程序”按钮，如图7-26所示。

步骤　02　进入小程序注册页面，如图7-27所示。

步骤　03　❶填写信息；❷选中“你已《微信公众平台服务协议》及《微信小程序平台服务条款》复选框；❸单击“注册”按钮，如图7-28所示。

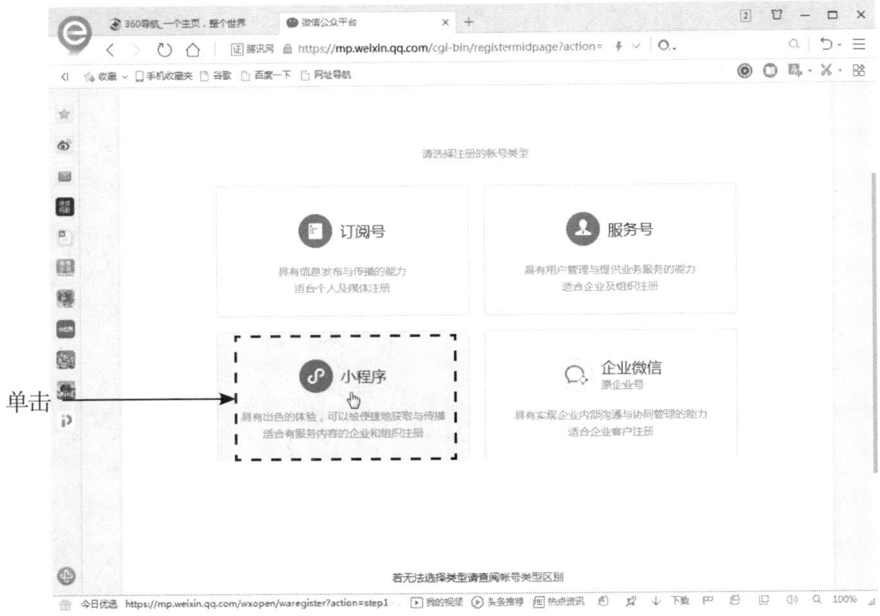

图7–26　单击“小程序”按钮

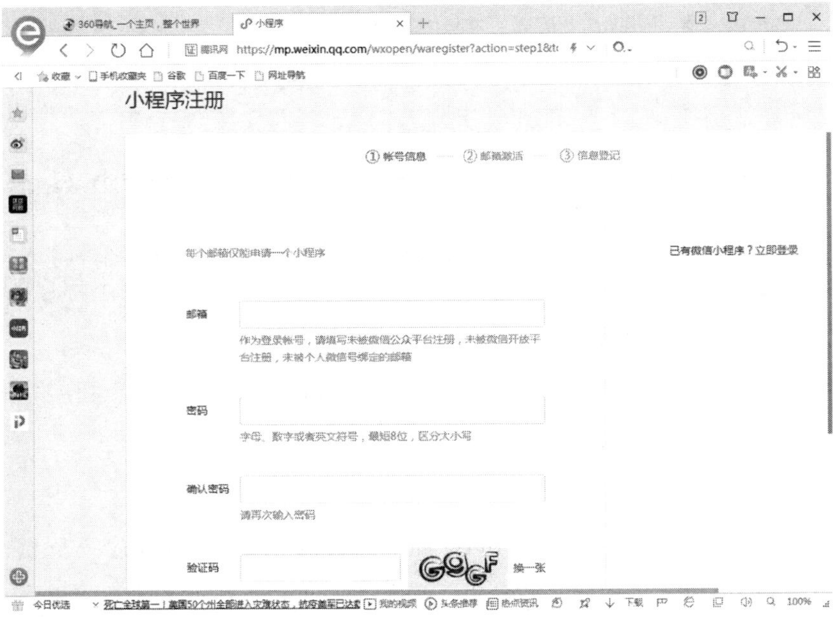

图7–27　进入小程序注册页面

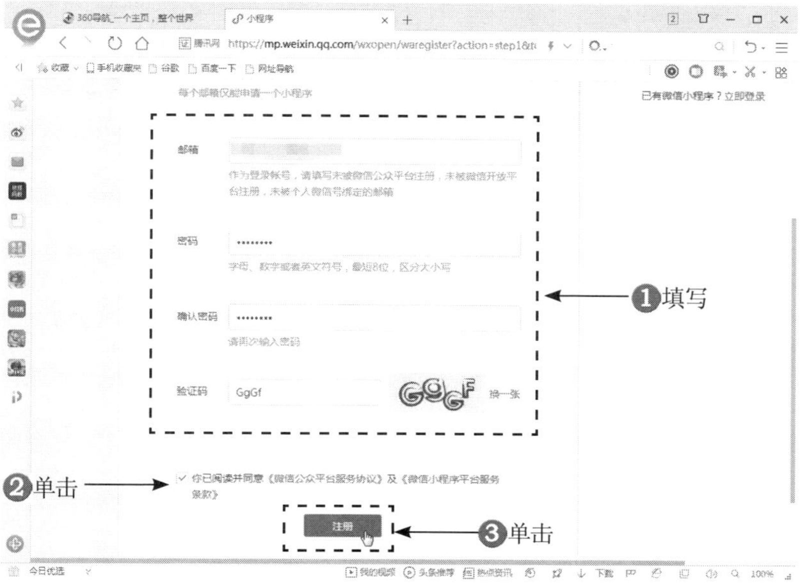

图7-28　填写完账号信息之后单击“注册”按钮

步骤 04　激活小程序账号之后，单击“登录邮箱”按钮，如图7-29所示。

图7-29　单击“登录邮箱”按钮

步骤 05　登录你的邮箱之后，打开收件箱，打开刚接收的微信公众平台的邮件，单击“激活链接”网址，如图7-30所示。

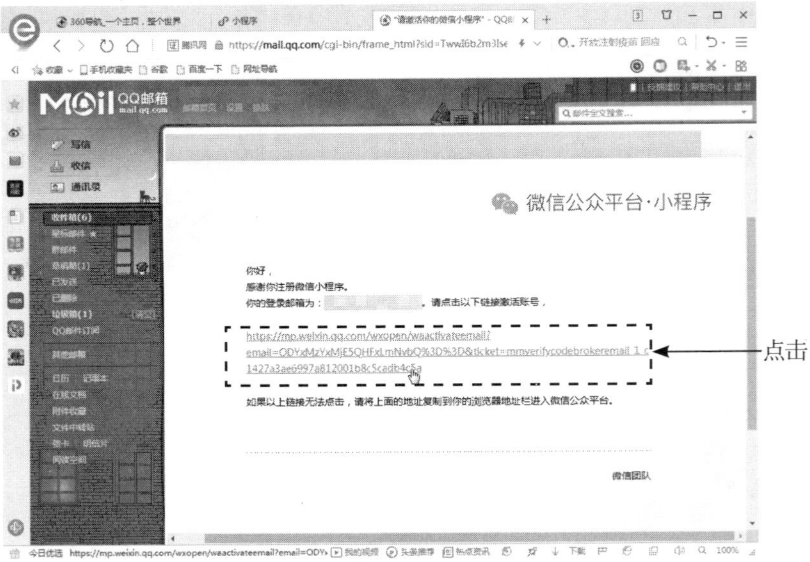

图7–30　单击“激活链接”网址

步骤 06　邮箱激活之后，需要进行信息登记，如图7–31所示。

图7–31　进入“信息登记”页面

步骤 07　将鼠标滚动下滑至页面底部，可以选择你所注册的国家/地区，以及主体类型，你可以选择个人、企业、政府、媒体、其他组织，如图7–32所示。

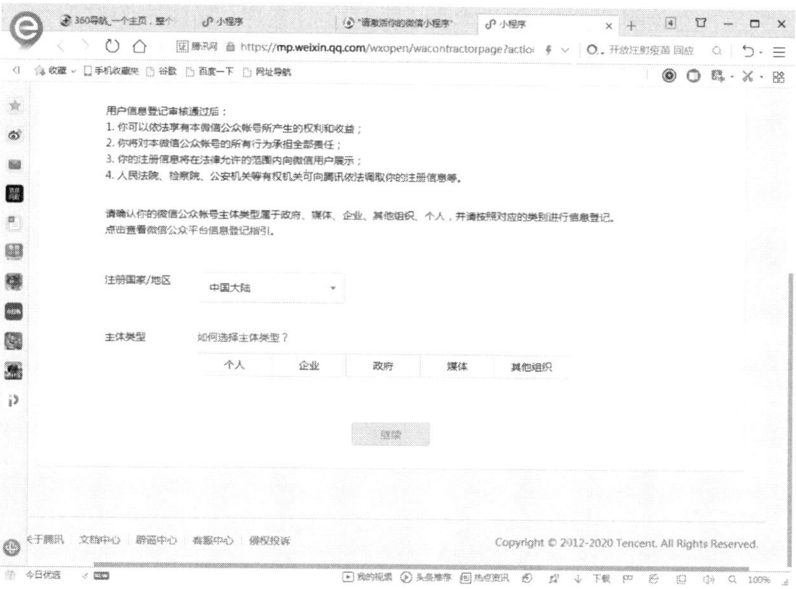

图7-32　选择注册国家/地区以及主体类型

步骤　08　选择“个人”注册需要填写个人信息，如图7-33所示，填写完个人信息之后，管理员身份验证一栏会出现一个微信二维码，需要用你的手机微信扫一扫上方的验证码，并且你的微信号需要已通过实名认证。

图7-33　选择“个人”注册需填写的主体信息登记

步骤　09　如果是企业，请选择“企业”选项，进入企业主体信息登记，如

图7–34所示，企业需要选择企业类型，填写企业名称、营业执照注册号。填写完企业注册信息，请单击“继续”按钮，按照指示进行下一步操作即可完成小程序。

图7–34　选择“企业”注册的主体信息登记

7.3 陌陌直播：陌生人社交为主，寻求流量和利润最大化

陌陌平台从2011年上线之后一直走社交路线，在2016年时开始，社交直播使陌陌平台的业绩显著提升。与其他直播平台相比，陌陌直播对于社交路线更纯粹更坚持，并且平台的直播功能也是陌陌的附能形式，运行核心还是在社交。

7.3.1　陌陌直播的开通方法

陌陌直播的开通需要登录陌陌App，在App上进行注册，以下是陌陌直播的开通方式。

步骤 01　在应用商城中搜索并下载陌陌App，打开App后，弹出“欢迎使用MOMO陌陌App”文本框，查看《陌陌用户协议》以及《陌陌隐私权政策》，阅读完之后，❶点击“同意”按钮，如图7-35所示；❷执行操作后，点击“手机号登录注册”按钮，如图7-36所示。

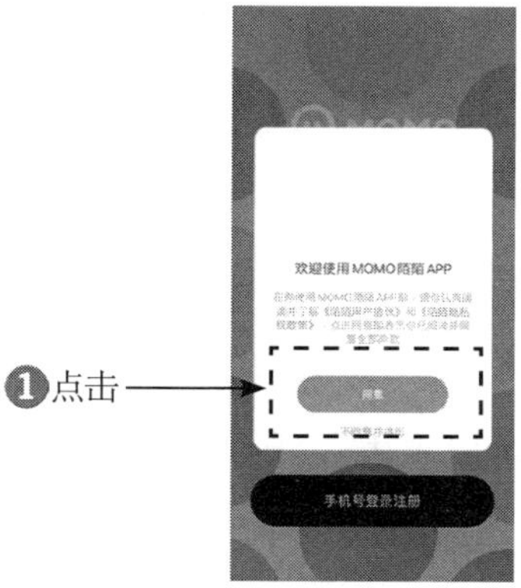

图7-35　点击“同意”按钮

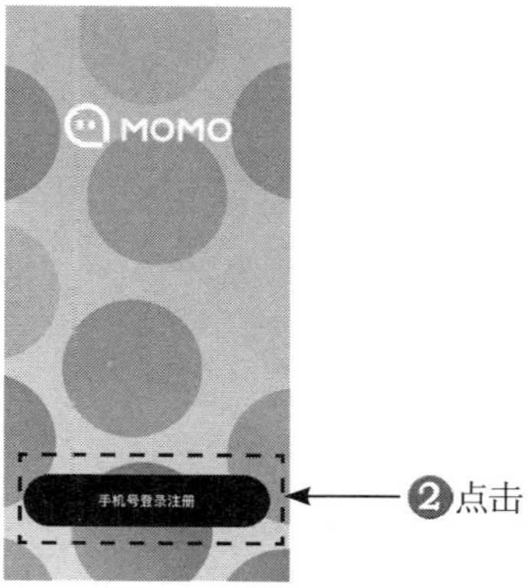

图7-36　点击“手机号登录注册”按钮

步骤 02　执行操作后，显示“手机登录注册”界面，可以直接输入手机号码，获取验证码通过，同时陌陌App也支持第三方登录、QQ、微信以及iOS用户的Apple登录。❶选择微信登录，请点击下方的“微信”图标，如图7-37所示，界面跳转到微信App内；❷点击下方的“同意”按钮，如图7-38所示。

图7-37　点击“微信”图标

图7-38　点击“同意”按钮

步骤 03 同意之后，进入“填写资料”界面，❶填写后点击“下一步”按钮，如图7–39所示；❷点击“开启定位”按钮，如图7–40所示，允许App访问你的位置。

图7–39 点击“下一步”按钮

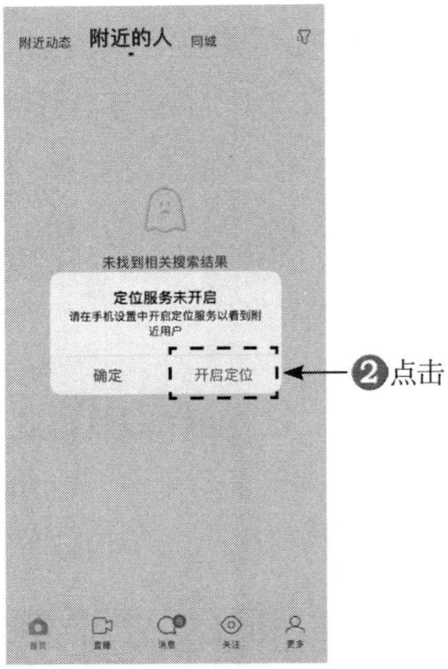

图7–40 点击“开启定位”按钮

步骤 04 iOS用户也可以直接在系统设置中管理App权限，❶点击“设置”按钮，如图7–41所示，进入界面后下滑；❷选择“MOMO陌陌”App，如图7–42所示。

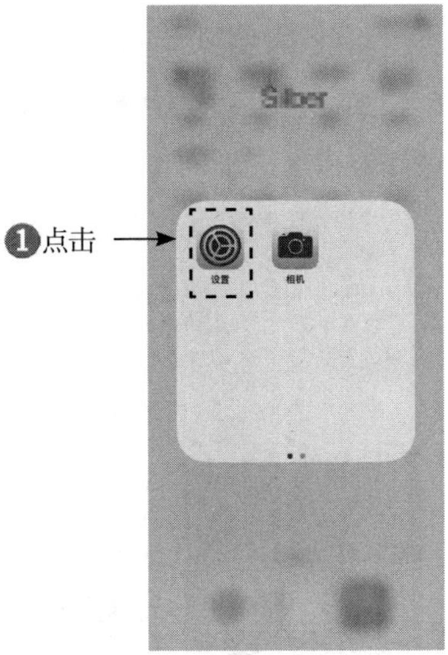

图7–41 点击“设置”按钮

图7–42 选择“MOMO陌陌”App

步骤 05 开启所有权限，例如点击“位置”选项，将其设置为“始终”，或者

“使用App期间内”，打开麦克风以及相机开关，如图7-43所示。

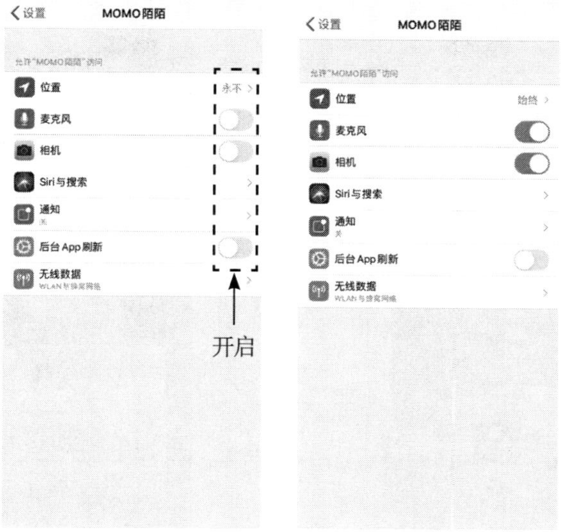

图7-43　打开位置、麦克风、相机权限

步骤　06　允许权限之后，进入手机绑定，如图7-44所示，可以输入手机号，点击“获取验证码”按钮，进行手机的绑定，也可以点击右上方“跳过”按钮，进入App首页，如图7-45所示。

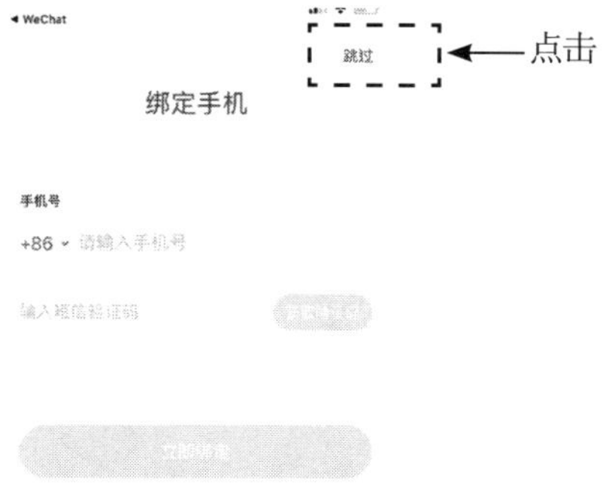

图7-44　点击“跳过”按钮

图7-45　进入App首页

步骤　07　❶点击右上方“摄像机”图标，显示“开始直播“按钮，如图7-46所示；❷点击“开始直播”按钮，进入直播间设置，可以打开系统自带的录屏对直播间进行录制；❸点击“知道了”按钮，可进入直播间信息填写，如图7-47所示。

图7-46　点击“摄像头”图标

图7-47　点击“知道了”按钮

步骤　08　进入相应界面，完成直播间信息填写，❶点击“开始直播”按钮，如图7-48所示，也可以点击“语音直播”按钮，系统会自动设置直播间名称，同时你也可以进行个人更改；❷点击“进入语音房间”按钮即可，如图7-49所示。

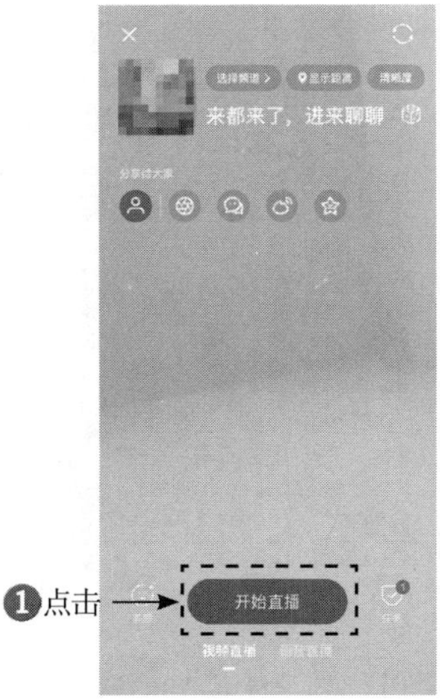

图7-48　点击“开始直播”按钮

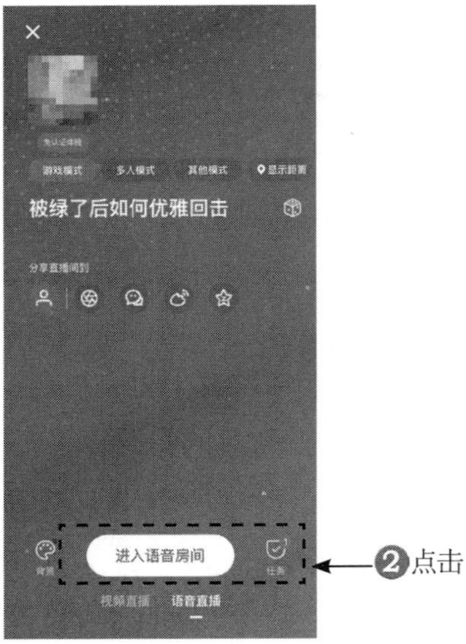

图7-49　点击“进入语音房间”按钮

7.3.2　陌陌直播的运营技巧

掌握了陌陌直播的开通方式之后，接下来我们将介绍陌陌直播的运营技巧，帮助用户更好地运营陌陌直播。

1. 细化的交友条件

陌陌直播中，对于用户来说，可以对主播进行筛选，如图7-50所示，为主播直播地点的筛选，如图7-51所示，为主播年龄的筛选，陌陌的年轻层次划分细致，分为三个阶段，第一个是不大于20岁，主要为18~20岁，第二个年龄阶段为不大于25岁，主要为21~25岁，第三个为不大于30岁，即26~30岁，这样不同年龄的划分更有利于用户进行社交选择。

图7-50　主播直播地点的筛选

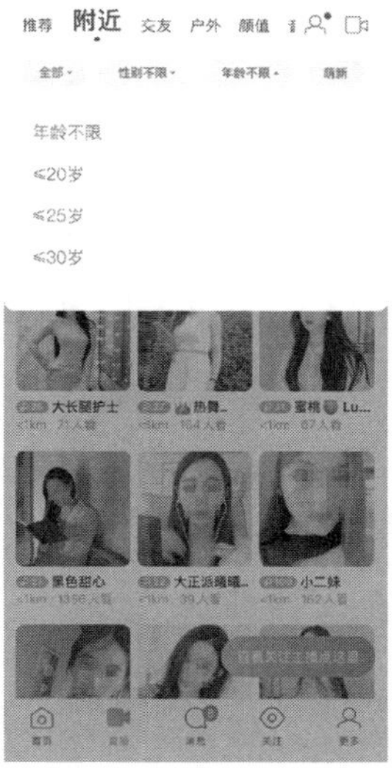

图7-51　主播年龄的筛选

2. 丰富的游戏活动

在个人主页的后台界面中，具有大量的游戏活动，如图7-52所示，并且活动中也与直播相结合，例如派对、心动狼人等。

在派对中分为两个模块，第一个为语音派对，如图7-53所示，第二个模块为视频派对，如图7-54所示。各式各样的玩法，帮助用户更好地进行社交。

图7-52　大量的游戏活动

图7-53　“语音派对”模块

图7-54　“视频派对”模块

第8章

吸粉引流：从运营“流量”转为运营“人”

本章主要介绍直播吸粉引流的技巧，主要包括三个方面的内容，如注重人与人的互动、打造竞争力的主播以及直播销售的运营技巧。人与人的互动主要讲述了细化用户标签、个性化推荐、利用“用户及时消费心理”销售，以帮助想要直播的用户更好地了解直播运营。

8.1 回归初心：注重人与人的互动

在“千播大战”中的直播行业面临着激烈的竞争，相统一的规模架构使得直播行业不得不逐渐回归初心，并垂直领域发展，提供纵深的服务。

从本质上看，关注点又回到了人与人的互动上，具体可以表现在三个方面：细化的用户标签、个性化的推荐、利用“用户及时消费心理”销售产品。

8.1.1 细化用户标签，打造差异化内容

细化用户标签，主要体现在对用户进行分层，例如对用户进行分级。图8-1所示为用户分层的方式。

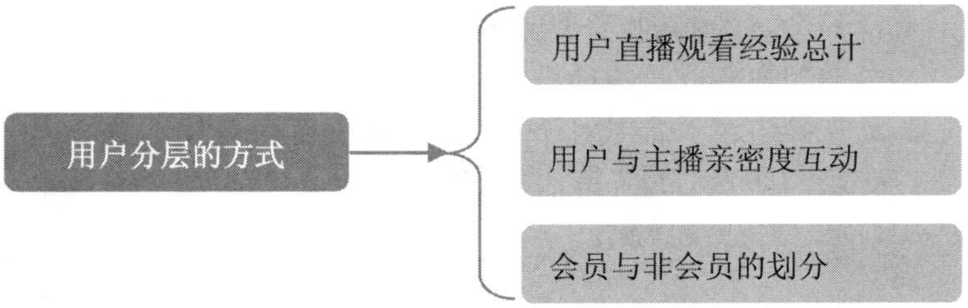

图8-1 用户分层的方式

直播平台根据用户直播观看经验总计可以设置用户的经验等级，依照经验等级的不同，可以设置不同的权限。图8-2所示为哔哩哔哩会员不同等级权限介绍。

对于哔哩哔哩的用户，刚注册成功时，是不可以发送弹幕的，需要通过答题测试，通过后可成为Lv1，但只能发送滚动弹幕。图8-3所示为哔哩哔哩前三个会员等级详情说明。平台也会设置相应的提升经验的方式，如图8-4所示，这是哔哩哔哩经验的增长方式。

特权与等级	Lv0	Lv1	Lv2	Lv3	Lv4	Lv5	Lv6
滚动弹幕	×	√	√	√	√	√	√
彩色弹幕	×	×	√	√	√	√	√
高级弹幕	×	×	√	√	√	√	√
顶部弹幕	×	×	×	√	√	√	√
底部弹幕	×	×	×	√	√	√	√
视频评论	×	×	√	√	√	√	√
视频投稿	×	√	√	√	√	√	√
购买邀请码	×	×	×	×	×	1个/月	2个/月

图8-2　哔哩哔哩会员不同等级权限介绍

Lv0（注册会员）：
无法享受特权

Lv1：
1、发射滚动弹幕
2、参与视频评论
3、登录获得硬币
4、投稿成为偶像

Lv2：
1、发射个性弹幕（彩色、高级、顶部）
2、参与视频互动（评论、添加tag）
3、登录获得硬币
4、投稿成为偶像

Lv3：
1、发射个性弹幕（彩色、高级、顶部、底部）
2、参与视频互动（评论、添加tag）
3、登录获得硬币
4、投稿成为偶像

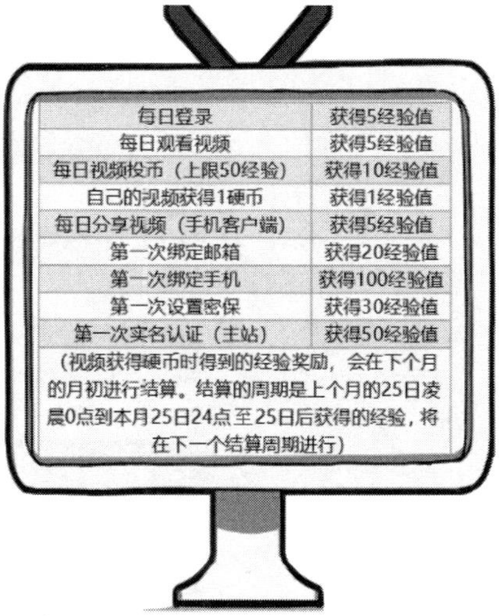

每日登录	获得5经验值
每日观看视频	获得5经验值
每日视频投币（上限50经验）	获得10经验值
自己的视频获得1硬币	获得1经验值
每日分享视频（手机客户端）	获得5经验值
第一次绑定邮箱	获得20经验值
第一次绑定手机	获得100经验值
第一次设置密保	获得30经验值
第一次实名认证（主站）	获得50经验值
（视频获得硬币时得到的经验奖励，会在下个月的月初进行结算。结算的周期是上个月的25日凌晨0点到本月25日24点至25日后获得的经验，将在下一个结算周期进行）	

图8-3　哔哩哔哩前三个会员等级详情说明　　图8-4　哔哩哔哩经验增长方式

关于用户与主播亲密的互动值，平台也会设置相应的等级划分，如根据用户对主播进行的打赏数值进行守护等级设置，图8-5所示为虎牙平台主播守护等级说明。

1. 成为TA的守护者，你将享有以下特权哦：

守护等级与特权	守护等级 V0	守护等级 V1-V11	守护等级 V12-V519	守护等级 V520+
尊贵专属贵宾席	✓	✓	✓	✓
守护者专属图标				
每日进入直播间领取银豆	✗	5000 银豆	10000 银豆	10000 银豆

1）若守护到期前没有续费，则直接失去守护身份，再次开通守护将按首次开通计算；

2）守护等级只会增加，不会降低，若守护到期前进行续费，则看剩余的守护时长，如果续费后剩余守护时长小于当前守护等级，则显示当前等级，如果续费后剩余守护时长大于当前守护等级则显示续费后的等级。

图8-5　虎牙平台主播守护等级说明

守护者等级达到V12之后，用户进入直播间可以设置横幅展示，如图8-6所示。

图8-6　虎牙平台守护等级V12以上进入直播间的横幅展示

对于用户，还可以通过会员充值，享受不同的观看特权，例如哔哩哔哩，可以充值大会员，成为哔哩哔哩大会员后可享有四个特权。如图8-7所示，为哔哩哔哩大会员的内容特权和装扮特权。图8-8所示为哔哩哔哩大会员的身份特权和试听特权。

图8-7　哔哩哔哩大会员的内容特权和装扮特权

图8-8　哔哩哔哩大会员的身份特权和试听特权

在会员购中可以查看你所在地区的相关信息，内容类型主要包括全部类型、演出、展览、本地生活，主要可以购买一些周边或者展览的门票。图8-9所示为哔哩哔哩会员购页面。

图8-9 哔哩哔哩会员购页面

平台依照不同规则对用户进行细化分类，用户也可以根据自己的不同需求，选择自己的权限，这样细化的用户标签，有利于平台的用户运营以及打造差异化的内容，同时也可以增加用户的黏性，满足不同的用户需求，对用户进行个性化推荐。

8.1.2 个性化推荐：以人、货、场为核心主体

对用户进行个性化推荐，除了根据不同的用户标签进行推荐以外，还可以依照用户的浏览记录、收藏内容等进行大数据分析，进而满足用户更深层次的需求，以电商平台为例，例如淘宝App界面中“猜你喜欢”模块，如图8-10所示。

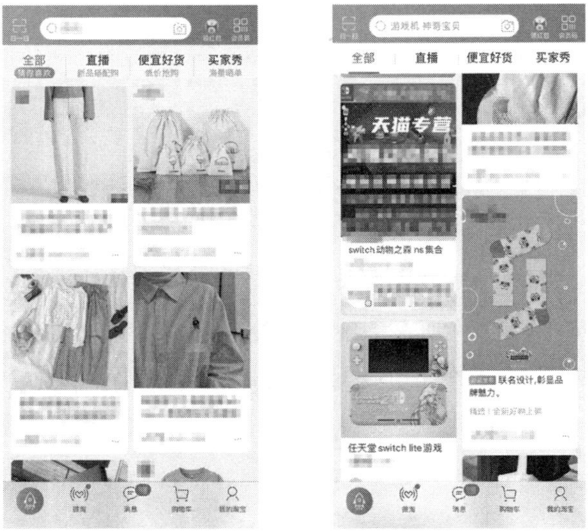

图8-10 淘宝“猜你喜欢”模块

还有京东平台的“精选”标签，如图8-11所示。

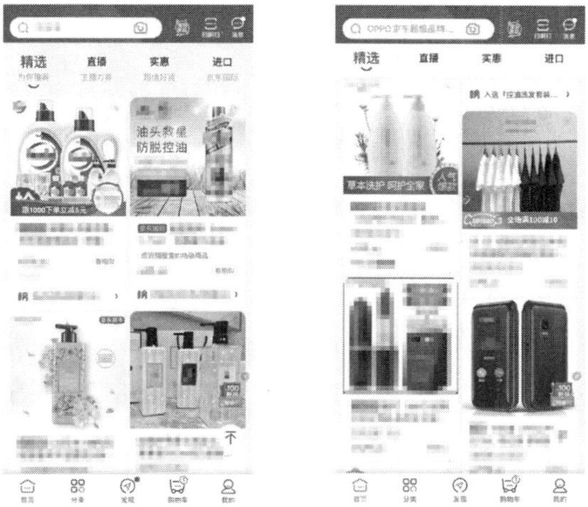

图8-11　京东“精选”标签

在新型的电商关系中，店铺从原有的“等待用户进店选购”模式上改变为“主动寻求用户”模式，这些改变都体现了“以人为中心”的服务方式。除了个性化推荐以外，电商平台中的电商还采取“线上+线下”共同经营的模式，线上还可以将广告投放于与店铺产品相关的场合中，挖掘用户的潜在需求，实现线上引流，提高产品的购买率，在一定程度上也节约了店铺的经营成本。

随着商品的增加，用户商品的购买方式也发生了改变，原来的购买需要按照目录进行检索，现在只需要查询关键词进行搜索即可，这也是人、货、场关系的改变。以抖音平台为例，可以将产品与短视频进行结合，让用户在场景中进行购买，并且用户购买方便，只需点击下方链接即可，如图8-12所示。

图8-12　抖音平台短视频场景购买

8.1.3 利用“用户即时消费心理”销售产品

无论是短视频还是直播中，用户都可以通过观看直接下单，这样便捷的购买方式正是利用了“用户及时消费心理”来进行销售的。

除此之外，“用户及时消费心理”还体现在限时、秒杀价这些标签的直播中，店家利用限量的方案和限时的优惠价格，吸引用户消费。

1. 限量商品直播

限量商品直播可以是独家款，例如高端定制品牌的服饰；还可以是限量优惠的产品，例如在资源少的情况下进行制作的服装，商家口中的“最后几件特卖清仓”就属于限量特惠。

2. 限时商品直播

限时商品和限量可以是相交融的，但也可以是在直播间限时优惠，直播结束后恢复原价，这也是限时商品直播。

无论是限量还是限时，都会促使用户即时消费。

8.2 打造具有持续竞争力的直播销售主播

在直播销售中，销售主播的作用和影响也是关键，例如在服装直播中，外表颜值较高的主播会具有较强的竞争力，年轻的时尚女性是服装购买用户中的主力军，而美的事物，更吸引用户的点击，比如在蘑菇街平台挑选颜值较高的女性，作为主播条件。除此之外，具有竞争力的直播并不仅仅依靠主播的颜值，还与销售重点的转变、直播关系的转变、直播技术的提升有关。

8.2.1 转变：从“货品”转向“内容”时代

在直播中，将原本销售关系中的重点“货品”的营销转变为“内容”的营销，直播的“内容”可以从以下几点进行展示：直播间标题和主播直播的能力。

1. 直播间标题

图8-13所示为淘宝的电商直播，直播的标题为“主播C位赛，犀利福利”，主

要利用了“C位”标签，与时下最热门的综艺节目热点相关联，吸引用户的观看和点击。如图8-14所示，也是淘宝的直播，直播名称直接利用综艺选秀的名称，标题为“青春有你，元气少女”，这些直播标题都与时下热点相关联，借助热点的热度，吸引用户。

图8-13　主播C位赛，犀利福利

图8-14　青春有你，元气少女

2. 主播直播能力

主播在直播销售中可以进行“内容”的添加，例如在销售的同时让用户获得额外的收获，就像在美妆品牌的直播销售中，主播利用产品给用户试妆，进行演示，让用户在购买的同时，学习化妆的技巧，还有汉服的店家也会进行发型以及妆容示范，如图8-15所示。

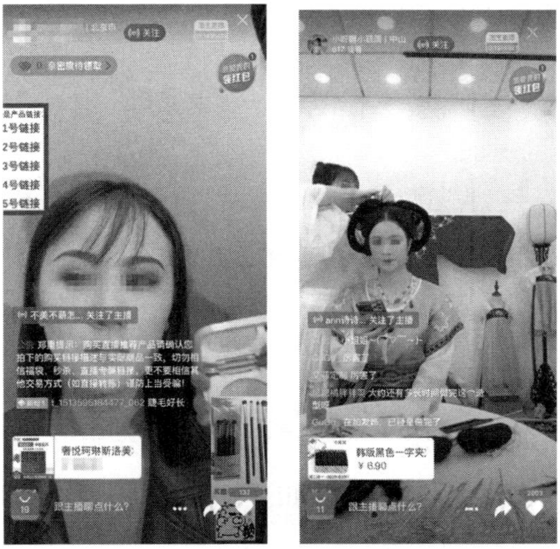

图8-15　妆容示范和发型示范

除此之外，具备良好的专业素养也是优质主播的特性，例如在直播中能迅速找到直播产品的特性，并且进行针对性销售，推动直播产品销售量。电商直播中，与用户沟通的很可能只是主播而不是店家。因此，主播在直播中具有重要作用，这也导致了商家在直播合作中，更倾向于与头部主播进行合作，例如李佳琦、薇娅。

8.2.2 关系：聚焦于“从人到人”的社交圈

新型电商直播，主要是“从人到人”的社交关系，可以从以下两个方面进行理解：

（1）由用户从使用的感受中或者使用后，推广分享给新的朋友圈用户，例如拼多多直播的小红包，就是利用用户的朋友圈进行传播，用户通过分享，获得小红包，进而增加更多的App使用者。

（2）可以体现在主播与用户之间的关系，主播在直播过程中，会获得人气以及粉丝，主播可以通过粉丝的经营，获得更多的粉丝，而且主播与粉丝之间的关系，也是“从人到人”的社交圈。

在直播中的互动也是人际交往的一种体现，所以直播中，重点是人，而不是商品，销售的是服务，经营的也是人，整个营销的重点是如何获得用户的信任和提高复购率，以及提升品牌影响力，促进产品价值变现。

8.2.3 聚焦：形成以粉丝利益为核心的观念

主播或者店家获得粉丝后，在整个销售过程中，都是以粉丝利益为核心。

1. 明星同款

在电商直播中，店家会邀请明星参与直播，在直播中，粉丝可以通过购买产品与明星使用同款，粉丝在使用产品上与明星之间的距离更近，也有许多主播在直播间会邀请一些明星，共同直播，如图8-16所示。

2. 明星互动

在直播中，最关键的还可以与主播进行互动，一些明星进行直播时，粉丝可以与明星进行交流，增强明星与粉丝之间的亲密度。因此在明星的直播间内，不光可以满足粉丝与主播使用同款，还可以让粉丝与明星之间进行沟通。

图8-16　邀请明星共同直播

8.2.4　升级：VR、云技术等增强用户的体验

VR、云技术等高科技技术可以促进用户的直播体验，例如在电商直播中，可以利用高科技，让用户在直播中，进行云试衣，或者体验妆效，这样可以让用户在线上进行使用，提升用户的购买体验。

8.3　如何做好直播销售达到快速吸粉引流

做好直播营销的第一步，就是选好直播的主题。一个引人注目的优秀标题是传播广泛不可或缺的，因此如何确立直播主题，吸引用户观看直播是直播营销中最关键的一个步骤。俗话说，“好的开头是成功的一半”，选好直播的主题也是如此。

本小节将为大家介绍直播销售中吸粉引流的方法技巧，分别从五个角度进行阐述：主题、渠道、内容、推广以及误区。

8.3.1　选好直播主题：以用户为主

在服务行业有一句经典的话叫作“每一位顾客都是上帝”，在直播行业用户同样也是上帝，因为他们决定了直播的火热与否。没有人气的直播是无法经营维持下去的。因此，直播主题的策划应以用户为主，从用户角度出发。

从用户的角度切入，需要注意以下三点，如图8-17所示。

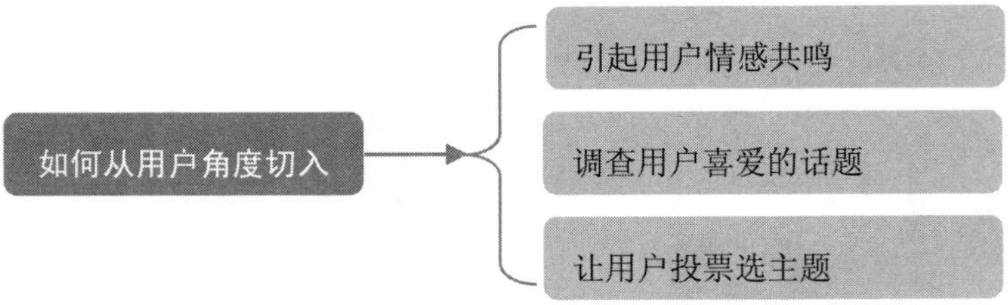

图8-17　如何从用户角度切入

从用户角度切入，最重要的是了解用户究竟喜欢什么，对什么感兴趣。那些直播为什么如此火热？用户为什么会去看？原因就在于那些直播迎合了用户的口味。

现在关于潮流和美妆的直播是比较受欢迎的，因为直播的受众大多都是年轻群体，对于时尚有自己独特见解，比如“清新夏日，甜美时尚减龄搭”“小短腿的逆袭之路”“微胖女孩儿的搭配小技巧”等主题都是用户所喜爱的。而关于美妆的直播更是受到广大女性用户的热烈追捧。

例如，淘宝直播有一个名叫“大码搭配师蜜桃”的主播，专门直播大码女生的穿搭技巧。在直播中，主播亲自试穿不同的服装，为用户展现如何利用服装搭配的技巧来掩盖身材缺陷，如图8-18所示。同时，如果用户觉得主播试穿的衣服也适合自己的话就可以点击相关链接直接购买，如图8-19所示。

美妆的直播也是如此。除此之外，各种新鲜热点、猎奇心理等主题也能引起用户的兴趣，企业需要从身边的事情挖掘，同时多多关注那些成功的直播是怎么做的，才能策划出一个完美的主题。

提醒：

当然，用户自己投票选择主题也是体现从用户角度切入的一个点。一般模式的直播都是主播决定主题，然后直接把内容呈现给用户。而为了迎合用户的喜好的话，企业就要准备好“打一场无准备之仗”，即按照用户的意愿来。主播要随机应变，积极调动用户的参与。投票的另一种方法就是直播之前投票，比如平台方可以在微信公众号、微博等社交软件发起投票，让用户选择自己喜爱的主题。

图8-18　关于时尚穿搭的直播

图8-19　时尚穿搭直播，边看边买

8.3.2　找准传播渠道：多模式出击

在运营直播时，找准传播渠道也是一个重要的方面。这种传播渠道从某种意义上来说，也是模式。随着直播的不断深入发展，直播已经远远不再是单纯的作秀，而渐渐成为真正的营销方式，所以想要将产品成功地推销出去，找准传播渠道是一个必不可少的环节。

1. 发布会+直播

“发布会+直播”这种模式的重点在于多平台同步直播，因为发布会只有多平台同时直播才能吸引更多的用户关注，打个简单的比方，央视的春节联欢晚会如果没有各大卫视的转播，那么其知名度、曝光率也不会那么高。

让产品多渠道展现是向喜欢不同平台的用户提供讨论的专属空间，这样一来，他们也能在自己已经熟悉的互动氛围中进行自由地交流讨论。

例如，2020年小米新春新品发布会就格外惹人注目，此次发布会与以往不同，是纯线上直播发布会，此次发布会共有71家直播平台和渠道，如图8-20所示。

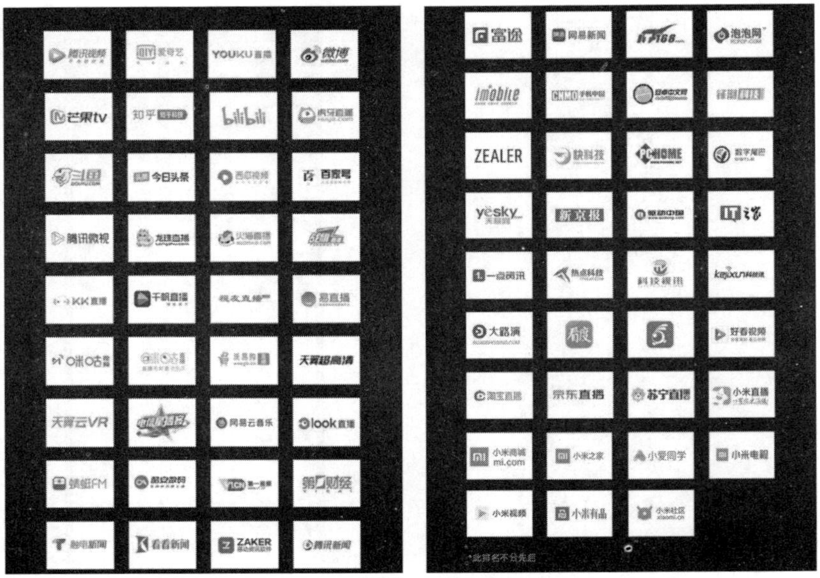

图8-20　与小米合作的各个平台

而小米发布会在各大平台直播所引起的讨论风格也是各不相同，因为直播平台的受众年龄大多分布在十几岁到三十几岁之间，因此各自的观点也是有些差异的。

这种“发布会+直播”的模式之所以能获得令人意想不到的效果，其原因在于三个方面，一是直播之前，发布会官方的媒体就会对此消息进行大力宣传和预热，制造系列悬念吸引用户眼球；二是此种模式比较新颖，将传统的商业发布会与直播结合起来，抓住了用户的好奇心理；三是给用户提供了互动的渠道，对产品的不断改进和完善更加有利。

图8-21所示为小米产品发布会在哔哩哔哩上的直播，此次直播引起了小米粉丝和哔哩哔哩用户的广泛关注和讨论。

小米的发布会直播运用多平台同步直播的方式，这值得其他产品借鉴，当然，这也要根据产品的性质而定。但不可否认的是，小米的发布会直播取得了巨大的成功，此种模式为其带来了更多流量和用户。

提醒：

所有的发布会都会邀请有关客户或潜在用户共同参会，例如许多品牌服装新品发布会，在这类发布会中，主办方就会向许多时尚人士以及明星发送邀请函，邀请其共同参与。

图8-21　哔哩哔哩上的小米产品发布会直播

2. 颜值+直播

在当今的直播营销中，都说对主播的要求比较低，但其实想要成为一个知名度高的主播，门槛还是挺高的。比如那些人气高、频繁登上平台热榜的主播，实际上都是依靠背后的经纪公司或者团队的运作，同时，他们也有很高的颜值。

提醒：

爱美是人之常情，人人都喜欢欣赏美好的事物，所以颜值成为营销手段的一部分因素也不难理解。但需要注意的是，颜值并不是唯一，光有颜值是不够的，要把颜值和情商、智商相结合，才能实现“颜值+直播”的效果。

如何塑造一个有颜值的主播呢？这里面大有学问，笔者将其总结为三点，如图8-22所示。

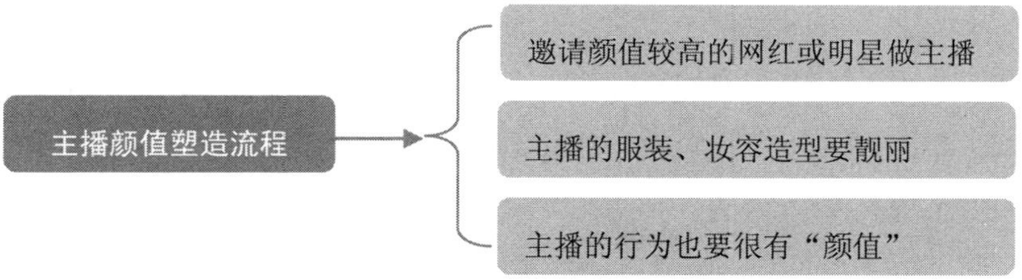

图8-22　主播颜值塑造流程

在直播中，主播的表现与产品的销售业绩是分不开的，用户乐意看到颜值高、情商高的主播，这也是颜值高的主播人气就高的原因所在。

例如，华为手机邀请易烊千玺担任华为nove7新品发布的主播，此次发布是以电台直播的形式进行发布，时间定于2020年4月23日，受到了许多易烊千玺粉丝的关注，同时也说明了产品代言人的颜值对促进产品价值变现的有效作用。图8-23所示为易烊千玺华为nove7电台直播预告。

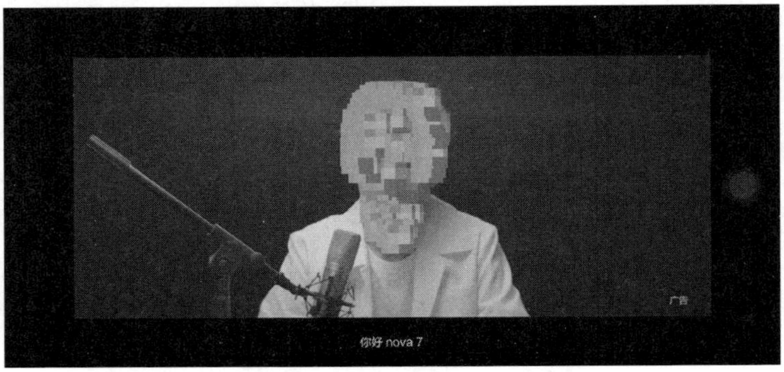

图8-23　易烊千玺华为nove7电台直播预告

当然，“颜值+直播”模式的营销效果固然十分出色，但也要注意主播个人素质的培养，只有高情商、高智商和高颜值的结合，才能达到最佳的直播营销效果。

3. 限时购+直播

众所周知，既然直播是为了营销，那么如何让顾客产生购物的欲望则是商家需要思考的问题。在直播过程中，商家如果加入一点“小心机”，例如采用“限时购+直播”模式，就会激发用户购买产品的冲动。这是一种抓住用户心理的营销战术，能够最大程度地带动用户的购买热情，从而实现营销的最终目的。

在直播中，主播向用户介绍相关的产品同时，屏幕上就会弹出相应的商品链接，感兴趣的用户可以马上购买，还有的主播会亲自为用户进行穿搭示范，并且每搭配一件物品，在观看界面下方就会弹出相应的产品，如图8-24所示。

同时，如果用户在观看的同时关注了主播，还会有购物的红包派送，这也是一种明智的营销手段，不仅让用户更加想要购买产品，同时又吸引了大量潜在顾客。可谓是一箭双雕，两全其美。

提醒：

比如天猫、淘宝、聚美等平台上的直播都可以边看边买，这样的平台更适合“限时购 + 直播”模式，为用户提供浸入式的购物体验。

当然，在这种平台直播时，加入限时购的模式也是需要技巧的，应根据用户心理挑选时机来变换弹出产品的方法，单一的形式不容易引起用户的注意。

图8-24　淘宝服装店家直播弹出产品购买

此外，在屏幕下方还有一个商品信息栏，用户可以通过点击“购物袋”符号来获得相关的商品详情，在此选购自己在直播间心动的商品，如图8-25所示。

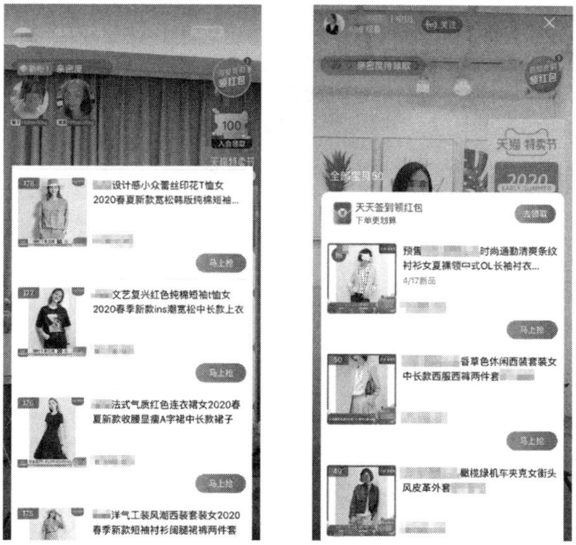

图8-25　淘宝服装直播下方弹出产品

由此可见，采用“限时购+直播”的方式进行营销也是企业常用的一种销售手段，通过添加限时特惠、秒杀价的信息，吸引用户果断购买，从而促进产品变现。

4. IP+直播

直播营销和IP营销是互联网营销中比较火的两种模式，很多娱乐企业、著名品牌都采用了这两种营销模式，那么，可不可以将二者结合起来呢？“IP+直播”模式的效果会不会更好呢？答案是肯定的。直播营销想要真正地火热起来，并立于不败之地，就需要IP的鼎力相助。

“IP+直播”模式的核心是如何利用IP进行直播营销。企业如果想要吸引用户和流量，就应该利用名人效应。传统的营销模式同样也会邀请名人代言，不过那种方法比较硬性，无法激发用户购物的欲望。

随着时代的前进，科技的发展，人们购物心理也在不断变化，传统的营销方式不再适用。各种营销手段和营销工具源源不断地产生，名人IP也成为直播营销中不可或缺的宝贵资源。各大企业应该借助IP来进行直播营销，利用名人IP的效应，吸引用户观看直播，从而实现直播营销的效果。

“IP+直播”模式吸引用户的效果是不容小觑的，好好利用的话一定能取得巨大成效。

提醒：

当然，IP 也分为很多种，比如一些名人明星本身就是一个 IP，那些经久不衰的小说、名著也是 IP，一本经典的人气漫画也是 IP。

8.3.3 提供优质内容：全方面打造

利用直播进行营销，内容往往是最值得注意的。只有提供优质内容，才能吸引用户和流量。结合多个方面综合考虑，为创造优质内容打下良好基础，接下来我们将从内容包装、互动参与、内容造势、突出卖点、内容攻心、口碑营销、事件营销、创意营销等方面讲述如何提供优质内容。

1. 内容包装

对于直播的内容营销来说，它终归还是要通过盈利来实现自己的价值。因此，内容的电商化非常重要，否则难以持久。要实现内容电商化，首先要学会包装内容，给内容带来更多的额外曝光机会。

例如，专注于摄影构图的头条号“手机摄影构图大全”就发布过一篇这样的文章：“《湄公河行动》人像构图，教你如何拍出高票房！”通过将内容与影视明星某些特点相结合，然后凭借明星的关注度，来吸引消费者的眼球，这是直播内容营销惯用的手法。

2. 互动参与

内容互动性是联系用户和直播的关键，直播推送内容或者举办活动，最终的目的都是为了和用户交流。

直播内容的寻找和筛选对用户和用户的互动起着重要的作用。内容体现价值，才能吸引更多粉丝的关注和喜爱，而且，内容的质量不是从粉丝数量的多少来体现，和粉丝的互动情况才是最为关键的判断点。

3. 情景诱导

直播的内容只有真正打动用户的内心，才能吸引他们长久的关注。也只有那些能够留驻与承载用户情感的内容才是成功的。在这个基础上加上电商元素，就有可能引发更大、更火热的抢购风潮。

直播内容并不只是用文字等形式堆砌起来就成功了，而是需要用平平淡淡的内容拼凑成一篇带有画面的故事，让读者能边看边想象出一个与生活息息相关的场景，才能更好地引起读者继续阅读的兴趣。简单点说，就是把产品的功能用内容体现出来，不是告诉读者这是一个什么，而是要告诉读者这个东西是用来干什么的。

4. 突出卖点

如今，是一个自媒体内容盛行的时代，也是一个内容创作必须具有互联网思维的时代，更是一个碎片阅读，要爱就要大声说、要卖就要大声卖的年代。

尤其是做直播内容电商，90%如果没有解决在适时情景下表达卖点，怎么卖，哪里卖的问题的话，可以断定这将是一篇失败的内容。

内容电商不是简单的美文，也不是纯粹的小说，更不是论坛上无所谓的八卦新闻，它的作用就是达成销售，所以，如何激发读者的购买冲动，才是直播内容创造唯一的出路。

5. 口碑营销

口碑营销，顾名思义，就是一种基于企业品牌、产品信息在目标群体中建立口碑，从而形成“辐射状”扩散的营销方式。在互联网时代，口碑营销更多的是指企业品牌、产品在网络上或移动互联网的口碑营销。

口碑首先是“口口相传”，它的重要性不言而喻，就如小米，其超高的性价比造就了高层次的口碑形象，利用直播和口碑让企业品牌在人群中快速传播开来。

6. 快速分发

在计算机和生物界，“病毒”都是一种极具传播性的东西，而且还具有隐蔽性、感染性、潜伏性、可激发性、表现性或破坏性等特征。在直播营销中，病毒营销确实一个好的方式，它可以让企业的产品或品牌在不经意中通过内容大范围传播到许多人群中，并形成“裂变式”“爆炸式”或“病毒式”的传播状况。

例如，“你比想象中更美丽”是由著名女性品牌多芬发布的一部视频短片。据悉，该视频推出不到一个月，就收获了1.14亿的播放量、380万次转发分享，同时多芬还因此获得了1.5万个YouTube订阅用户。

多芬通过在全球范围内做相关的调查，得出一个惊人的结论：54%的女性对自己的容貌不满意。因此，在“你比想象中更美丽”视频中，塑造了一个FBI人像预测素描专家——Gil Zamora这么一个人物。他可以在不看对方容貌的情况下，只通过女性自己的口头描述便可以描绘出她们的素描画像。然后，Gil Zamora再通过其他人对同一位女性的印象再画一张画像。通过将这两张画像对比，Gil Zamora发现同一个女性人物在其他人眼中要远远比在自己眼中更漂亮。

动人心弦的视频内容，再加上联合利华公司的病毒式营销手段，通过将视频翻译成25种不同的语言，通过YouTube下面的33个官方频道同步播放，其内容很快扩散到了全球110多个国家，使多芬取得了巨大的成功。

7. 事件营销

直播中采用事件营销就是通过对具有新闻价值的事件进行操作和加工，让这一事件带有宣传特色的模式继续得以传播，从而达到实际的广告效果。

事件营销能够有效地提高企业或产品的知名度、美誉度等，优质的内容甚至能够直接让企业树立起良好的品牌形象，从而进一步地促成产品或服务的销售手段。

8. 创意营销

创意不但是直播营销发展的一个重要元素，同时也是必不可少的“营养剂”。互联网创业者或企业如果想通过直播来打造自己或品牌知名度，就需要懂得“创意是王道”的重要性，在注重内容的质量基础上更要发挥创意。

一个拥有优秀创意的内容能够帮助企业吸引更多的用户，创意可以表现在很多方面，新鲜有趣只是其中的一种，还可以是贴近生活、关注社会热点话题、引发思考、蕴含生活哲理、包含科技知识和关注人文情怀的。

对于直播营销来说，如果内容缺乏创意，那么整个内容只会成为广告的附庸品，沦为庸俗的产品，因此企业在进行内容策划时，一定要注重创意性。

9. 技术应用

（1）VR技术

虚拟现实（Virtual Reality，VR）这个词最初是在20世纪80年代初提出来的，它是一门建立在计算机图形学、计算机仿真技术学、传感技术学等技术基础上的交叉学科。在直播内容中运用VR技术可以生成一种虚拟的情境，这种虚拟的、融合多源信息的三维立体动态情境，能够让观众沉浸其中，就像经历真实的情境一样。

（2）AR技术

增强现实（Augmented Reality，AR）其实是虚拟现实的一支分支，它主要是指把真实的环境和虚拟环境叠加在一起，然后营造出一种现实与虚拟相结合的三维情境。增强现实和虚拟现实类似，也需要通过一部可穿戴设备来实现情境的生成，比如谷歌眼镜或爱普生Moverio系列的智能眼镜，都能实现将虚拟信息叠加到真实场景中，从而实现对现实增强的功能。

可以预测，更多的企业都会将AR技术与直播结合起来使用，以此形成较大的影响力，从而增强自己的市场地位。

（3）全息技术

全息技术主要是利用干涉和衍射原理的一种影像技术，首先通过干涉原理将物体的光波信息记录下来，然后利用衍射原理将这些光波信息展现为真实的三维图像，立体感强、形象逼真，让观众产生真实的视觉效应。

无论是什么样的直播，都应该先丰富自身内在，而全息影像等新技术正是一种增强自我的好手段，可以为用户带来更加精致的内容。

（4）3D立体技术

3D立体技术主要是将两个影像进行重合，使其产生三维立体效果，用户在观看3D直播影像时需要戴立体眼镜，即可产生身临其境的视觉效果。

在3D、VR等高新技术蓬勃发展的今天，企业可以将这些技术运用在网络直播中或IP内容中，这也是值得让人期待的。

10. 用户参与

让用户参与内容生产，不仅仅局限于用户与主播的互动，更重要的是用户真正地参与到企业举办的直播活动中来。当然，这是一个需要周密计划的过程，好的主播和优质的策划都很重要。

11. 真实营销

优质内容的定义也可以说是能带给用户真实感的直播内容。真实感听起来很容易，但透过网络这个平台再表现，似乎就不那么简单了。首先，主播要明确传播点，即你所播的内容是不是用户所想要看到的，你是否真正抓住了用户的要点和痛点。这是一个相当重要的问题。

举个例子，你的用户群大多都是喜欢美妆、服装搭配的，结果你邀请了游戏界的顶级玩家主播讲了一系列关于游戏技巧和乐趣的内容，那么就算主播讲得再生动、内容再精彩，用户不感兴趣，与喜好不想符合，脱离了真实感，你的直播也不会成功。

12. 内容创新

“无边界”内容是指有大胆创意的，不拘一格的营销方式。比如，平时常见的有新意的广告，iPhone、耐克等品牌的广告内容中没有产品的身影，但表达出来的概念却让人无法忘怀。由此可见，“无边界”内容的影响力之深。

现在很多企业做直播时，营销方式大多都比较死板，其实做直播也应该创新，多创造一些“无边界”的内容，吸引人们的兴趣。

例如，在淘宝直播中有一家专门卖电子产品的商家就十分有创意。该商家的直播内容以《王者荣耀等手游面临下架，竟因这个》为题，这让人一开始很难想到这家店铺是为了卖电脑等产品而做的直播。

很多人都以为这是一个日常的直播，没想到后来竟弹出了相关产品的购买链接，而且直播中还讲述了一些与游戏相关的知识，不看到产品链接根本无法联想到是电子产品的营销。

这样无边界的直播内容更易被用户接受，而且会悄无声息地激发他们的购买欲望。当然，企业在创造无边界的内容时，一定要设身处地地为用户着想，才能让用户接受你的产品和服务。

13. 增值服务

很多优秀的企业在直播时并不是光谈产品，他们认为，要让用户心甘情愿地购买产品，最好的方法是提供给他们产品的增值内容。这样一来，用户不仅获得了产品，还收获了与产品相关的知识或者技能，自然是一举两得，购买产品也会毫不犹豫。那么，增值内容方面应该从哪几点入手呢？笔者将其大致分为三点，如图8-26所示。

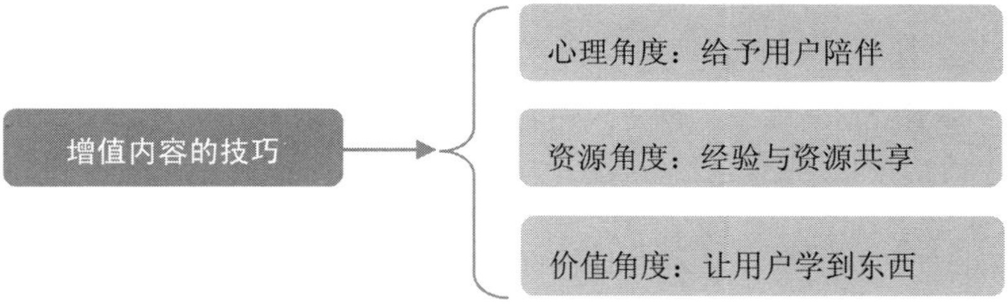

图8-26　增值内容的技巧

最典型的增值内容就是让用户从直播中获得知识和技能。比如，天猫直播、淘宝直播、聚美直播在这方面就做得很好。一些利用直播进行销售的商家纷纷推出产品的相关教程，给用户带来更多软需的产品增值内容。例如，淘宝直播中的一些化妆直播，一改过去长篇大论介绍化妆品成分、特点、功效、价格、适用人群的老旧方式，而是直接在镜头面前展示化妆过程，边化妆边介绍产品。

这样的话，用户不仅通过直播得到了产品的相关信息，而且还学到了护肤和美妆的窍门，对自己的皮肤也有了比较系统的了解。用户得到优质的增值内容自然就会忍不住想要购买产品，直播营销的目的也就达到了。

14. 专业讲述

自从直播火热以来，各大网红层出不穷，用户早已对此感到审美疲劳。而且大部分网红的直播内容没有深度，只是一时火热，并不能给用户带来什么用处。

因此，很多企业使出了让CEO亲自上阵这一招，CEO本身就具有吸引力，再加上对产品的专业性了解，也让用户对直播有了更多的期待。有很多CEO利用直播做营销，比如小米的雷军、聚美优品的陈欧、淘宝的马云等。

当然，一个CEO想要成为直播内容的领导者，也是需要符合条件的。笔者将其总结为三点，如图8-27所示。

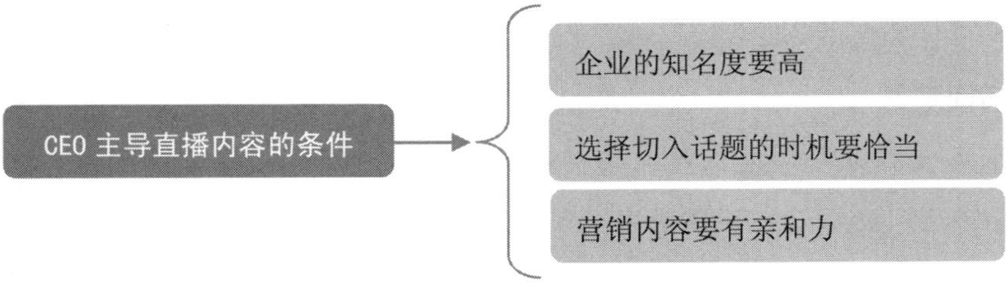

图8-27　CEO主导直播内容的条件

CEO上阵固然能使得内容更加专业化，可以吸引更多用户关注，但同时也要注意直播中的一些小技巧，让直播内容更加优质。

8.3.4　掌握直播推广：集各大平台

随着互联网营销的不断发展，各种各样有助于营销的信息工具和软件平台应运而生。学会将直播推广出去，也是直播营销中不可或缺的一环。就算主播介绍得再好，内容再优质，如果没有恰当地推广，那么营销效果也无法达到最佳。本节将向大家介绍在直播中推广的方法和诀窍。

1. 社交平台

在直播前对直播进行推广预热是十分有必要的，只有这样才能保证有一定的流量。比如，在微博平台，用户只需要用很短的文字就能反映自己的心情或者发布信息的目的，这样便捷、快速的信息分享方式使得大多数企业、商家和直播平台开始抢占微博营销平台，利用微博“微营销”开启网络营销市场的新天地。

在微博上引流主要有两种方式，分别是展示位展示相关信息，以及在微博内容中提及直播。更为常见的就是在微博内容中提及直播或者相关产品，增强宣传力度和知名度。

例如，各大直播平台都开通了自己的微博账号，而主播、明星、名人也可以在自己的微博里分享自己的直播链接，借此吸引更多粉丝，如图8-28所示。

图8-28　明星推广直播

微信与微博不同，微博是广布式，而微信是投递式的营销方式，引流效果更加精准。因此，粉丝对微信公众号来说是尤为重要的。

尤其是微信的朋友圈，相信不用笔者说，大家都知道，微信运营者可以利用朋友圈的强大社交性为自己的微信公众平台吸粉引流。因为与陌生人相比，微信好友的转化率较高。例如，我们可以将直播链接分享到朋友圈，如图8-29所示。朋友只要轻轻一点就可以直接观看直播，如图8-30所示。

图8-29　朋友圈推广直播

图8-30　点击观看直播

这种推广方法对于刚刚入门的主播更为适用，因为熟人会更愿意帮助推广，逐渐扩大影响力，这样才能吸引新用户的注意，获得更多流量。

2. 自身平台

现在一般的企业都拥有自己的自媒体平台，因此在做直播营销时，就可以利用自媒体平台来推广自己的品牌。比如，小米会在自己的官方网站推送直播消息，京东会在京东商城推送直播的消息等。

品牌可利用官网进行直播推广，用户可以通过官网第一时间了解产品的直播动态，接下来是微博、微信公众号等地方的推广。利用自有平台推广直播，更能吸引热衷企业的粉丝。

此外，自媒体推广也是利用口碑推广的一种绝佳方法。例如，小米的很多直播，都是雷军等自媒体大咖主持的，这样能吸引更多的用户。

因为产品的创始人能以自身的魅力获得用户的青睐，所以他们往往是推广直播的最佳自媒体。他们可以利用自身强大的影响力，在微信个人号、朋友圈、微博、空间中推广直播，这样效果更加明显。

大企业可以凭借自身的品牌影响力来做直播推广，无论是企业的自平台，还是公众号都可以进行，这就是大企业的优势所在。当然，如果小企业想要利用这种方式进行推广，可以主动申请创建自平台。

3. 大型峰会

品牌企业可以通过举办展览、开会等方式进行直播推广，因为这些活动通常会吸引众多媒体纷纷参与，从而提升企业的品牌影响力。在此过程中，为了宣传企业的品牌，可以加入直播，从而达到推广直播的目的。那么，具体应该怎么做呢？笔者总结为三点，如图8–31所示。

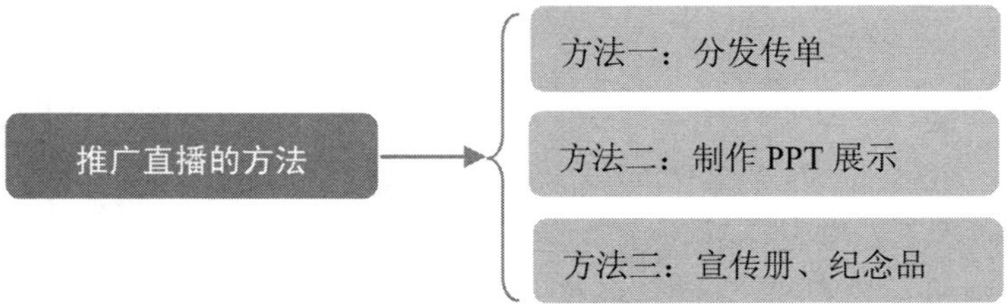

图8–31　直播推广的方法

总之，利用口碑和品牌进行推广是一种方便又高效的推广方式，只要运用恰当，就会收获丰厚的成果。

4. 社会论坛

论坛是为用户提供发帖回帖进行讨论的平台，属于互联网上的一种电子信息服务系统。在传统的互联网营销中，论坛社区始终是较为重要的一个推广宣传平台。一般情况下，早期的目标用户都是从论坛社区中找到的，再通过发掘、转化，提高用户的核心转化率，逐步打造品牌。

在论坛中进行直播推广，最重要的就是找准热门论坛，然后投放直播信息。比如，搜狐社区、天涯社区、新浪论坛、贴吧、博客等都是当前的论坛代表。在这里投放直播信息的步骤分为：首先，收录相关论坛；其次，在收集的论坛里注册账号；再次，撰写多篇包括直播推广内容的软文，保存好；最后，每天在这些热门论坛有选择性地发帖，做好相关记录，如果帖子沉了，用马甲号顶上。

值得注意的是，如果想要让用户关注你的帖子内容，并注意到你所推广的直播信息，就要多在论坛中与用户互动。在互动之后，论坛中关于直播的内容就会渐渐走入用户的视野，相应的直播也得到了推广。

5. 软文推广

软文推广主要是针对一些拥有较高文化水平和欣赏能力的用户，对于他们而言，文字所承载的深刻文化内涵是很重要的。所以，软文推广对于各大营销方式来说都很实用。

在直播营销中，软文推广也是不可缺少的，而如何掌握软文推广技巧则是重中之重。随着硬广告渐渐退出舞台，软文推广的势头开始上涨，而且以后还会慢慢占据主导地位。那么，在软文直播推广中，我们应该怎么做呢?下面将介绍三种软文直播推广的技巧。

（1）原创内容+关键词

原创是创造任何内容都需要的，软文直播推广更是少不了原创。只有原创才能吸引人们的注意。在直播营销推广中，关键词的选取是软文写作的核心。如何选取关键词也有相关的标准，如图8-32所示。

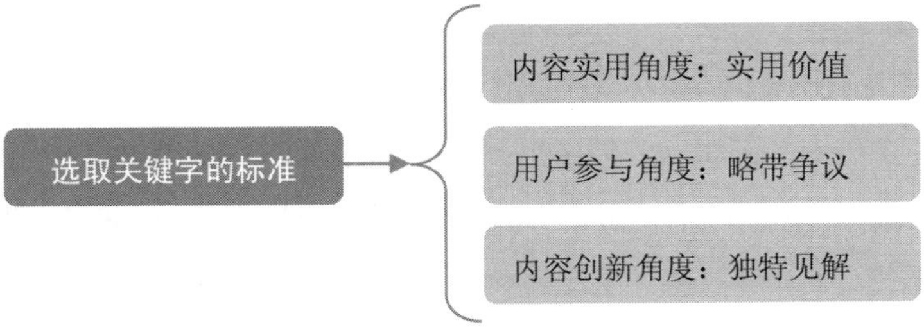

图8-32　选取关键词的标准

（2）现有经验总结提炼

当你有了优秀的软文推广内容，接下来就该找准平台发布软文，再推广直播信息了。像一些人气高的网站往往就是软文发布的好去处，而且发布之后还可在网站上与他人交换经验。目前网上已经有了一些专业的软文发布平台。

（3）还可以将软文推广发布在博客论坛等平台，效果也不错。当然，在网站上发布直播推广软文也有不少注意事项，笔者总结为三点，如图8-33所示。

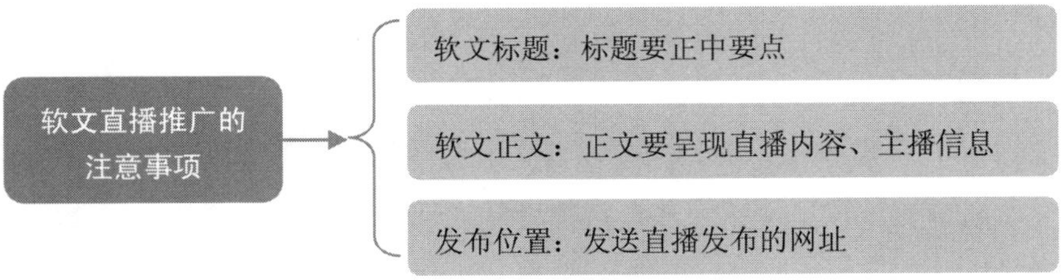

图8-33　软文直播推广的注意事项

不要以为发完直播软文就万事大吉了，发完之后总结经验也是相当重要的。比如，用户喜欢哪一类软文、为什么有的软文没有达到预期效果、软文发布到哪个平台反响最好等。企业在平时的工作中多总结并积累经验，就能够使得软文推广效果越来越好，有助于推广直播信息，从而吸引更多用户观看。

8.3.5　小心这些误区：雷区要注意

在直播时，我们需要注意以下几个误区：

1. 依赖三方

很多企业因为看准了第三方直播平台的用户数量多，流量大，所以常常借助泛娱乐直播平台进行直播营销。实际上这种做法是非常不可取的，因为对于企业而言，这些第三方直播平台的用户与企业并不完全对口。

因此，企业在诸如花椒、映客等直播平台进行直播的话，换来的只是表面上的虚假繁荣，犹如“泡沫经济”，并不能实现营销的最优效果。此外，网络环境也是利用第三方直播平台进行直播的一个问题。一般大型发布会现场的网络信号时常不稳定，而移动网络就更不用说，这将会严重有损用户的观看体验。

因此，企业在利用直播宣传时，可以通过与专业的直播平台展开合作，充分利用其成熟的技术，就能解决直播中卡顿的问题，让直播更加顺畅。

2. 自建平台

有些企业会为了营销而自建直播营销平台，这虽然保证了受众的精确度，但增加了营销成本，不是最佳选择。其实，如今成熟的视频直播解决方案平台已经在市场上崭露头角，他们可以提供专业的帮助。

3. 盲目从众

视频直播不仅是一个风靡一时的营销手段，还是一个能够实实在在为企业带来盈利的优质平台。当然，企业要注意的是，不能把视频直播片面地看成一个噱头，而是要大大提高营销转化的效果。

特别是对于一些以销售为主要目的的企业，单单利用网红打造气势，还不如直接让用户在视频直播平台中进行互动，从而调动用户参与的积极性。

比如，乐直播联合家具行业的周年庆进行直播，用户不仅可以在微信上直接观看直播，并分享到朋友圈，还可以在直播过程中参与抽奖。这种充满趣味性的互动，促进了用户与品牌的互动，从而转化为购买力。

4. 擅自经营

当下网络视频直播大热，各种直播经营者一拥而上，面对直播行业巨大经济利益的诱惑，许多经营单位未经许可就擅自经营从事网络表演等活动。

在法律上来说，这已经涉及了违规经营和超范围经营，按照相关法律法规，文化部门和工商部门都有权对其进行查处。

5. 侵犯他人

在直播内容方面，存在侵犯他人肖像权和隐私权的问题。比如，一些网络直播将商场、人群作为直播背景，全然不顾别人是否愿意上镜，这种行为极有可能侵犯他人肖像权和隐私权。

自从视频直播逐渐渗入人们的日常生活，用户已经没有隐私，反倒成为别人观看的风景或他人谋利的工具。

隐私权关键有两方面，第一，隐私权具有私密性的特征，权利范围由个人决定；第二，隐私权由自己控制，公开什么信息全由个人决定。

当我们处在公共领域中时，并不意味着我们自动放弃了隐私权，可以随意被他人上传到直播平台。我们可以拒绝他人的采访，也有权决定是否出现在视频直播中，因为我们在公有空间中有权行使我们的隐私权。因此，直播的这种非法侵权行为是非常错误的。

6. 逃税暗礁

对于视频直播这个行业，利润的丰厚是众所周知的。很多主播也是看中了这其中的高收入，才会蜂拥而上。

据说人气火爆的主播月薪上万元很普遍，再加上直播平台的吹捧，年薪甚至会达到千万元。虽然笔者没有从事这个职业，也不敢确定这个数据是否真的如此，但就算将这个数据减掉一半，那也是相当可观的。

这样可观的收入就涉及缴税的问题，比如与直播中的主播类似的明星也会出现逃税的问题。逃税也可能会构成刑事犯罪，如果主播逃税，不仅是对其自身，而且对整个直播行业也会造成极其恶劣的影响。

第9章

带货技巧：好的视听体验是最好的卖货方式

本章主要介绍直播带货中的带货技巧，分别从直播的优势、技巧、带货三个角度进行阐述，直播的优势主要有三点：购物更直观、互动零距离、消费高信任；同时分享了五个直播带货技巧，如建立信任、塑造价值、锁定需求、筛选产品、营造紧迫感等，帮助用户更好地进行直播带货。

9.1 优势：呈现产品价值，实现价值交换

直播是一种动态的试听过程，与传统的电商相比，电商直播可以在直播时呈现产品，更有利于提升产品的真实性，以及展示产品使用细节，帮助用户更好地了解产品的使用，更有利于实现商品的价值交换。

9.1.1 直播购物更直观，增加用户购买欲望

在传统的电商购物时，我们先通过目录进行检索，再查看图片以及文字描述，决定是否购买，但这种方式存在一些缺点，如图9-1所示。

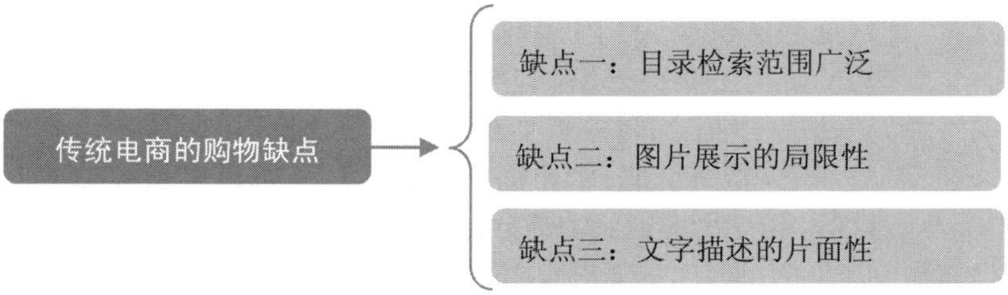

图9-1　传统电商的购物缺陷

而直播带货的直观性，具体体现在以下几个方面，如图9-2所示。

除此之外，直播带货通常是主播进行销售，主播相较于传统的店家来说，让用户感觉更具亲切感，并主动将主播带入到自身消费者的角度进行思考。另外，主播会提供给用户自己的使用感受。并且，主播在直播之前还会做足功课，事先了解产品的特点和优势，在直播中用户只需要听主播讲解就可以了，替用户节省了自己调查、了解产品的时间及精力。

直播带货的直观性体现

- 第一：直播封面会展示一些直播带货的产品，使产品信息更加具体
- 第二：直播过程中，主播会对产品的使用进行展示，并且在直播中会给产品进行特写，让用户观察到产品的细节
- 第三：用户在直播时只需在手机前就能观看，不需要消费者亲自到店内查看，直播为消费者节省了时间和精力
- 第四：直播的时间通常只有一两个小时，用户决策时间短，加上直播福利，在一定程度上会促使用户及时消费

图9-2　直播带货的直观性体现

9.1.2　直播零距离互动，促进用户消费频率

以淘宝直播为例，用户在观看的同时，可以在下方进行弹幕互动提问，如图9-3所示。

图9-3　弹幕互动提问

1. 节省商家人力成本

直播带货的互动性，可以让用户边看边买，同时在直播中，是一对多的营销模式，可以为商家节省人力成本。

2. 帮助用户了解产品

其他用户的提问也可以帮助消费者进行参考，避免遗漏，帮助消费者充分了解产品的性能及特性。

3. 促使用户参与抢购

在直播互动中，其他人的言语也会影响消费者的购买，尤其是在商品正在疯抢时，产生从众心理，让另一些用户参与抢购，促进用户消费频率。

4. 提高用户的参与感

品牌邀请主播进行直播带货，提高了主播的人气，同时也提高了用户的参与感，不再是简单的一对一产品介绍，而是在人与人的社交沟通中，进行销售。

9.1.3 直播信任背书强，网红与直播相辅相成

在直播带货中，主播的作用更具影响力，在一定程度上也反映了网红与消费者的信任程度。图9-4所示为网红与消费者信任关系对直播带货的影响。

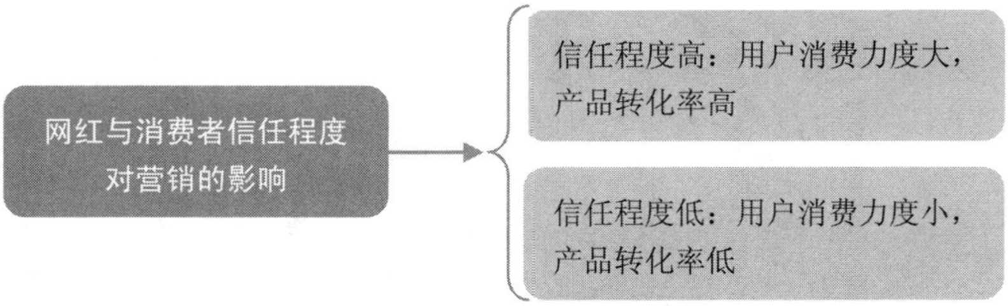

图9-4　网红与消费者信任关系对直播带货的影响

如何提高消费者对网红的信任程度，可以从以下几个方面，进行提高。

1. 树立正面的个人形象

首先应拥有正确的三观，并树立一个积极、正面的人设，不要为了走红而选择消极的曝光方式，消极的方式只能暂时让网红获得一时的热度，正能量的主播更有利于培养用户的信任感，并且更有利于自身的发展。

俗话说，祸从口出，主播在直播过程中，应当只针对产品进行介绍，而不应该

建立在对他人主播的评价之上，通过抬高自己贬低他人的方式直播，很容易影响粉丝对主播的信任度。

2. 提高自身的专业技能

主播在直播之前需要充分地了解产品，把握产品特性，并在直播时能根据产品的特性进行精准介绍，掌握专门的语言技巧。主播在进行直播带货讲解时，掌握语言技巧的主播更有利于促进用户消费，语言技巧可以从以下几个方面进行提高。

（1）对症下药

主播需要熟悉产品的用户群体，根据用户群体的特点，进行讲解，例如在美妆直播中，面对的多为时尚的女性，这类女性普遍爱美，在直播讲解时，需要在把握产品的特点上分析产品是如何提高用户颜值的，在讲述的过程中要尽可能地让用户产生同感，带动用户的情绪，这类针对性强的产品和用户，也可以体现在直播间的名称上，如图9-5所示。

图9-5　针对性强的直播间名称

（2）外表形象

在直播时，网红在进行带货时需要热情接待，同时在接待时，要有耐心，并且具有感染力、亲和力，这样更能促进用户消费，例如李佳琦，在直播时经常利用夸张的动作、热情的语言，进行带货。图9-6所示为李佳琦的直播。

图9-6　李佳琦的直播

（3）个人观点

作为一个带货主播，在直播时一定要有自己的看法，如果都是习以为常的观点，或者商家的看法，那样的直播是吸引不了用户的。

9.2 技巧：直播带货五步法，提高成交率

了解到直播的优势之后，也许许多用户还是不了解如何直播，接下来主要介绍和总结五个直播带货的小技巧，帮助想要进行直播的用户更好地提高成交率。

9.2.1 建立信任，拉近用户距离

在直播带货中，提供商品的店家有许多，为什么用户会选择在你的直播间购买？那是因为信任，所以在直播带货的沟通中，我们重点需要建立与用户之间的信任，主播可以从以下几点，提高用户的信任度。

1. 维持老客户的复购率

经营服务好老客户，给予已有消费者的优惠福利，调动这部分用户的购买积极性，有利于借助老客户，挖掘更多的潜在客户。

2. 提供详细全面的产品信息

如果在直播中你介绍得不够详细、全面，用户可能因为了解不够仔细而放弃下单，所以在直播带货过程中，要从消费者的角度对产品进行全面、详细地介绍，尤其是产品的优势，必要时可以利用认知对比原理，将自身产品与其他的店家产品进行比较，例如在包包的直播中，可以将正品与市场上的水货进行比较，向用户展示自身产品的优势，让用户在对比中提高对产品的认知。

3. 提供可信的交易环境

在直播交易中，商家提供的交易方式也会影响用户的信任度，一个安全可靠的交易平台，会让消费者在购买时更放心，所以你需要向消费者确保你们的交易是安全可靠的，不会出现欺诈、信息泄露等情况。

4. 进行有效的交流沟通

在直播时，主播应该认真倾听消费者的提问，并进行有效的交流和沟通，如果在沟通中，消费者对产品的提问被主播忽视了，消费者就会产生不被尊重的感觉，所以主播在进行直播带货时，需要给予用户适当的回应，表示对用户的尊重，可以专门任用小助手，负责直播答疑。小助手可以任用多名，进行分工合作，这样更有利于直播间有序管理。

5. 建立完善的售后服务

完善的售后服务可以为企业建立更好的口碑，同时也是用户信任的影响因素，用户购买完产品后，可能会遭遇一些疑问，或者快递途中造成的损坏等情况，作为店家应该及时处理，避免影响用户的购物体验和信任度。

6. 实行场景化营销

场景化是指布置与消费者生活相关联的产品使用场景，目的是帮助消费者更好地了解和使用产品。在直播中进行场景化的营销，目的是让用户在生活中遇到该场景时，能够自然联想到产品。场景化营销的目的是让消费者产生情感共鸣，从而购买产品。

9.2.2 塑造价值，提升产品高度

决定消费者购买的因素，除了信任，还有产品的价值，在理论中，商品具有使用价值和价值，如图9-7所示。

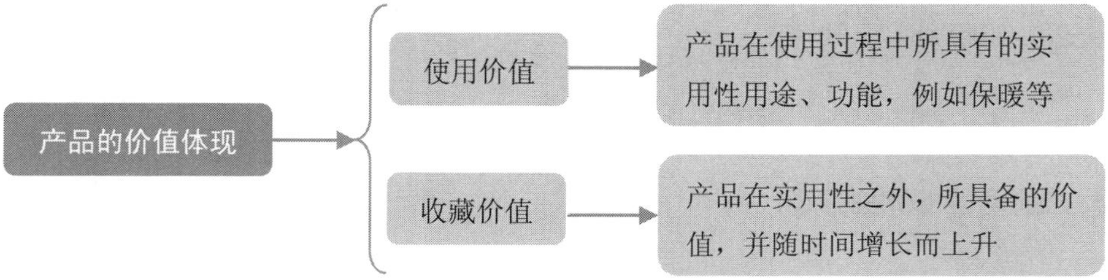

图9-7　产品的价值体现

产品的价值塑造可分为两个阶段：一为基础价值，即产品的选材、外形、功能、配件、构造、工艺；二为价值塑造，在直播中，我们主要进行产品价值的塑造，即产品的独特性、稀缺性、优势性。产品价值的塑造，主要建立在产品基础价值之上，明确产品的价值卖点是直播的关键。

1. 产品的独特性

产品的独特性可以从产品的设计、造型出发，产品的设计可以是产品的取材，例如许多美妆品牌的销售，像SK-Ⅱ护肤精华露，也叫神仙水。如图9-8所示，为SK-Ⅱ护肤精华露的官网海报，产品主打PITERA™，一种半乳糖酵母样菌发酵产物滤液，并且声明这样的透明液体可以明显地改善肌肤表皮层代谢过程，让女性肌肤一直晶莹剔透，这就是神仙水产品塑造的独特性。

图9-8　SK-Ⅱ护肤精华露的官网海报

产品独特性的塑造可以让产品区别于其他同类产品，凸显该产品的与众不同，当然在直播带货中，产品独特性的塑造必须要紧抓消费者的购买需求，例如神仙水，功效是改善女性肌肤表皮，就紧紧围绕女性想要改善肌肤的需求而塑造。

2. 产品的稀缺性

产品的稀缺性，可以在直播带货时主要强调产品的设计性，例如限量、专业定制，表示这类产品是独一无二的，甚至具有收藏价值，例如许多限量款的球鞋，带有独家签名的球鞋、服饰等，都具有稀缺性。

除此之外，还可以从产品的功能上着手，对产品特有功能、使用人群、使用场景甚至产地进行宣传，例如地方特产，就是利用地理的特殊性进行销售。图9-9所示为地方特产的淘宝直播。

图9-9　地域特产直播

3. 产品的优势性

产品的优势性可以是产品的先进技术优势，主要体现在研发创新的基础上，例如手机或其他电子产品的直播，可以借助产品的技术创新进行价值塑造，例如拍照像素、续航能力、显示分辨率等，甚至可以是刷新用户认知的产品特点，给用户制造惊喜，并超出期望值，例如某些黑科技产品。

除此之外，还可以从使用产品的造型优势上出发，例如包包的直播，小型包包强调轻巧便捷，大小正好适合放置手机以及钱包、口红，并具有外形独特、百搭、适合拍照等特点；较大型包包强调容量大，可放置化妆品、雨伞，并且适合短期旅行，这些都是从不同产品的特点出发，表达不同优势。

4. 产品的利益性

产品的利益性指产品与用户之间的利益关系，产品的利益价值塑造需站在消费者的角度进行分析。例如，介绍产品为消费者在日常生活中提供更加舒适的生活环境，或者替用户节省某些烦恼，总的来说，就是产品能够带给消费者的好处。

例如，在家电直播时，可以强调产品给消费者生活带来的便捷之处。图9-10所示为京东家电直播。

图9-10　京东家电直播

无论是哪方面的价值塑造都是基于产品本身的价值使得消费者获得更好、更舒适的生活体验，这就是产品价值塑造的基点。以上塑造价值的方法都是基于产品本身特点所营造的。除此之外，还可以通过赋予产品价值，赋予价值的方法可以从两个方面进行，如图9-11所示。

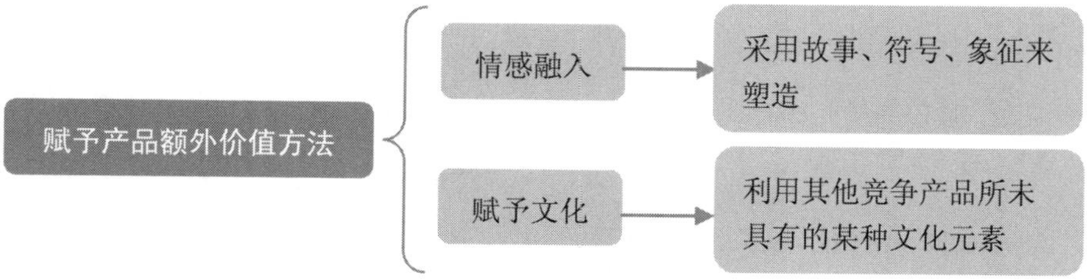

图9-11　赋予产品额外价值的方法

9.2.3 锁定需求，抓住用户痛点

在直播带货中，用户的需求是用户购买产品的重要因素。需求分为两类，一类是直接需求，直接需求也就是所谓的用户痛点，比如用户在购买时表达的想法，需要什么样的产品类型，这就是直接需求。

另一类则是间接需求，这类需求分为两种，一种是潜在需求，主播在带货过程中可以引导用户的潜在需求，激发用户的购买欲望，潜在需求可能是用户没有明确表明的，或者是语言上不能表明清晰的；另一种是外力引起的需求，由于环境等其他外力因素促使消费者进行消费的行为。

在进行带货的过程中，不能只停留于用户的直接需求，应该挖掘用户的间接需求，如何了解用户的间接需求，可以从以下几点出发。

1. 客观思考分析消费者的表达

当消费者在直播间进行弹幕提问时，并不一定只停留在言语的表面，主播需要客观分析消费者的言语，去思考用户真正所需要的产品，可能消费者本身也并不清晰自己所需要的产品，主播在直播时应引导消费。

2. 选择与用户相符合的产品

每种产品都有针对性的用户群体，你的产品的打造和营销与用户相匹配，就能引起用户的同感，以及满足用户的需求。例如，高端品牌的直播，符合高消费人群的喜好，这类消费者在购物时，可能更注重产品的设计感、时尚感，或者设计与质感的兼容，在消费价格上则不太重视。因此，主播可以在把握这类群体的心理特征时，重点分析和讲述产品。

3. 选择符合用户审美的背景

在直播带货中，可以抓住用户的审美，设计精致的产品外形，吸引用户的购买，满足用户的审美需求，例如主打“高级感”的店铺在直播场景的选择上，可以选择简单的背景墙+具有质感的装饰品在直播中进行背景衬托。如图9-12所示，为淘宝某服装店铺的直播间。

图9-12　淘宝某服装店铺的直播间

9.2.4　筛选产品，增加用户满意

直播带货中产品的好坏会影响用户的购买，可以从以下几点选择带货的产品。

1. 选择高质量的产品

直播带货中不能是“假货”“三无产品”等伪劣产品，这属于欺骗消费者的行为，被曝光后会给予严厉惩罚，主播一定要本着对消费者负责的原则进行直播。

消费者在主播的直播间进行下单，必然是信任主播，伪劣产品的代言，对主播本人的形象也是不利的，选择优质的产品，既能加深粉丝的信任感，又能提高产品的复购率。在产品选择上，可以从以下几点出发，如图9-13所示。

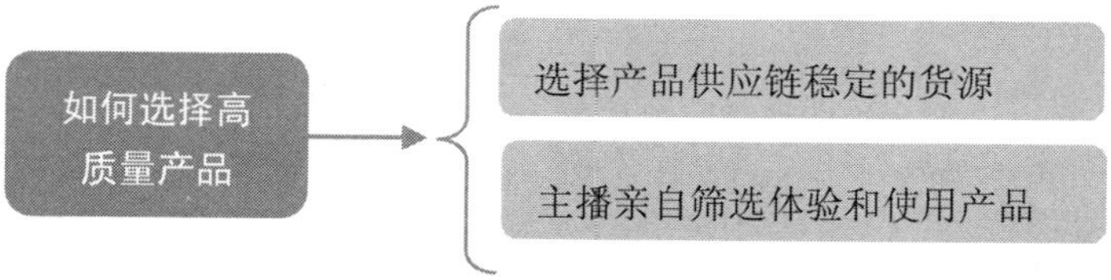

图9-13　如何选择高质量产品

2. 选择与主播人设相匹配的产品

如果是网红或者明星进行直播带货，在产品的选择上，可以选择符合自身人设的品牌，例如作为一个吃货，那么你选择的产品一定是美食产品；作为一个健

身博主，你选择的产品则是运动服饰、健身器材、代餐等；一个美妆博主，你选择的产品一定是美妆品牌。

你人设的性格，例如明星带货，这个明星的人设是鬼马精灵，外形轻巧，那么她所进行直播带货的产品，品牌调性可以是活力、明快、个性、时尚、新潮等，偏向活力、积极、动感的产品设计；如果是认真、外表严谨的人设，那么这个主播所选择的产品可以是更侧重于高品质，具有优质服务，可靠的产品，也可以是具有创新的科技产品，这就是选择与主播人设相匹配的产品。

例如，罗永浩的直播，他选择的直播带货产品就是大家所熟悉的经典款，比如小米有品首款众筹超过千百万的白酒，图9-14所示直播间的带货效果十分可观。

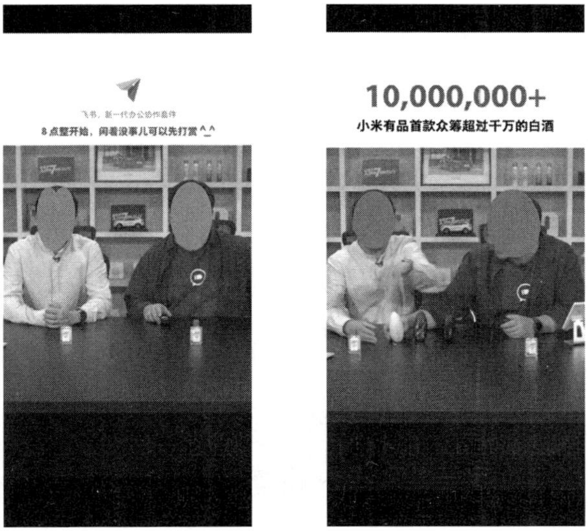

图9-14　罗永浩直播间截图

3. 选择一组可配套使用的产品

选择可配套使用的产品，进行“组合套装”购买，还可以利用“打折”“赠品”的方式，喜迎用户观看并进行消费。消费者在进行产品购买时，通常会对同类产品进行对比，如果单纯利用降价或者低价的方式，可能会造成用户对产品产生质量担忧，但是利用产品配套购买优惠，或者赠品的方式，既不会让用户对品质产生怀疑，也能在同类产品中，产生相对划算的想法而进行下单，让消费者内心产生买到就是赚到的想法。

在服装的直播中，可以选择一组已搭配好的服装进行组合销售，既可以让消费者在观看时，因为觉得搭配好看而进行下单，还能让消费者省去搭配的烦恼，对于个人不会进行搭配的用户，是一种省时又省心的吸引。

> **提醒：**
>
> **如果消费者购买后，因为搭配效果很好，能让消费者在生活中获得朋友的赞美，还会加强消费者的信任，同时增加消费者的黏性。**

4. 选择一组产品进行故事创作

在筛选产品的同时，可以利用产品进行创意构思，加上场景化的故事，创作出有趣的直播带货，让消费者在观看时产生好奇心，并进行购买。

故事的创作可以是某一类产品的巧妙利用，介绍这个产品并非平时所具有的功效，在原有基础功能上进行创新，另外也可以是产品与产品之间的妙用，产品与产品之间的主题故事讲解等。

9.2.5 营造紧迫，促使用户下单

营造紧迫感可以在时间上、数量上进行，在紧张的气氛下，让人产生抢购的心理，从而进行下单购买。

1. 时间上的紧迫

通过制造时间上的紧迫感，例如限时抢购、限时促销，而且这类产品经常是高销量的产品，因为它们的价格通常比较实惠。如图9-15所示，为淘宝限时抢购的产品。

除此之后，在直播带货中，一些直播间的标题也会直接运用限时抢购的词汇，进行直播，比如淘宝“限时抢购”的直播间，如图9-16所示。

> **提醒：**
>
> **限时抢购的产品通常能吸引大量用户购买，因为观看直播的用户，通常是因为在直播间下单更有优惠，所以再加上“限时抢购”的方式，可以促使更多用户购买。**

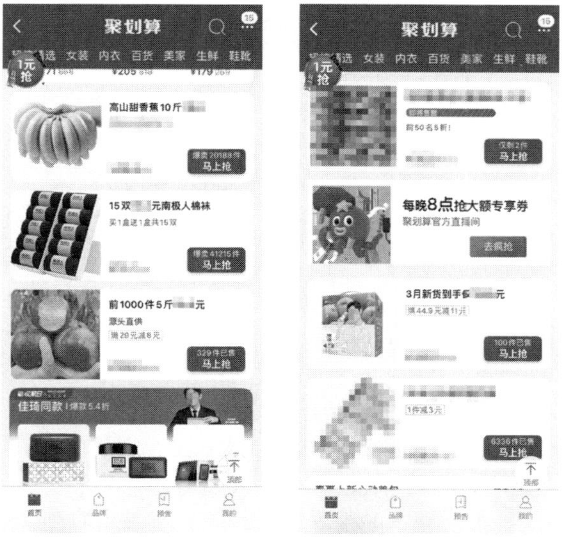

图9-15　淘宝限时抢购产品

图9-16　淘宝“限时抢购”的直播间

2. 数量上的紧迫

数量上的紧迫主要是限量抢购，限量抢购的产品通常也是限时抢购的产品，但是也有可能是孤品，极少数额的限量款，也有可能是清仓断码款，例如淘宝品牌清仓的“断码”标签中的产品，如图9-17所示。

图9-17　淘宝品牌清仓的"断码"标签中的产品

在直播带货时，经常会有限量抢购或者孤品秒杀的直播间，如图9-18所示。除此之外，我们还能对直播产品进行限量分批上架，制造紧缺。

图9-18　淘宝平台限量抢购的直播间

9.3 带货：直播只是手段，带货才是关键

直播最大的价值就是在直播中能吸引用户的注意力，获取用户的流量，借助

直播赢得用户的注意力，这样将会使得带货的销量更高。总而言之，直播只是带货的一种方式和手段。

在直播过程中，用户的关注度相比较传统的电商销售中会更高，直播的画面也较传统的电商商品菜单更为形象、更为生动，且在直播间内，不会受到其他同类商品的影响，因此在直播带货中的商品转化率比传统的电商购买转化率更高，这也是直播带货流行的原因之一。

9.3.1 专业导购，内行讲的出硬道理

产品不同推销方式也有所不同，对于许多具有专业性的产品，在推广直播中，需进行专业型讲解，例如汽车直播，观看汽车直播的用户多为男性用户，并且喜欢观看驾驶实况，观看汽车直播的用户大多是为了了解汽车资讯以及买车，所以专业型的直播更受用户的青睐。

在汽车直播中，用户最关心的还是汽车的性能、配置以及价格，所以更需要专业型的导购，同时，汽车直播也多在汽车资讯平台进行直播，专业的平台积累了更专业的内容、资源、服务以及更稳定的用户，但是汽车直播相对其他电商直播来说，用户转换率还是偏低。图9-19所示为易车平台的汽车直播。

图9-19　易车平台的汽车直播

9.3.2 创意产品，展示神奇功能

想要利用直播做好营销，最重要的就是要结合产品，向用户呈现产品所带来的改变。这个改变也是证明产品实力的最佳方法，只要改变是好的，对用户而言是有实用价值的，那么这个营销就是成功的。用户观看完直播后发现这款产品与众不同，就会产生想要购买产品的欲望，所以在直播中展示产品带来的改变是非常重要的。

例如，淘宝直播中有一家专门卖化妆品的商家，在策划直播时，为了突出自家产品的非凡实力，决定通过一次以“橙花素颜霜教你一分钟化妆”为主题的直播活动来教会用户化妆。这听起来是一件不可思议的事情，但这也恰恰吸引了不少用户前来观看直播。

这种直播不仅突出了产品的优势，而且还教会了用户化妆的技巧。此次直播短时间内吸引了6 000多人观看，为这家小小的商铺带来了惊人的流量。

> **提醒：**
>
> **在直播中，一定要将产品的优势和实力尽量地在短时间内展示出来，让用户看到产品的独特魅力所在，这样才有机会有效地将直播变为营销手段。**

9.3.3 放大优势，便于受众记忆

放大优势，其实就是在直播带货中，既要抓住产品的特点，又要抓住当下的热点，两者相结合才能产生最佳的市场效果，打造出传播广泛的直播。

例如，前段时间“青春有你”综艺格外火热，各大商家紧紧抓住相关热点，再结合自家产品的特点进行了别具特色的直播。

直播如果能够将产品特色与时下热点相结合，就能让用户既对你的直播痴迷无比，又能使用户被你的产品吸引，从而产生购买的欲望。

9.3.4 策划段子，围绕产品特点

“段子”本身是相声表演中的一个艺术术语。随着时代的变化，它的含义不断拓展，也多了一些独特内涵。近几年频繁活跃在互联网的各大社交平台上。

除此之外，也可以策划幽默段子，幽默段子作为最受人们欢迎的幽默方式之一，也得到了广泛的传播和发扬。微博、综艺节目、朋友圈里将幽默段子运用得出神入化的人比比皆是，这样的幽默方式也赢得了众多粉丝的追捧。

在著名央视“段子手”朱广权与“带货一哥”李佳琦连麦共同为武汉带货的直播间就运用了此方法，如图9-20所示。

图9-20　朱广权与李佳琦连麦直播带货

在这场直播间中，朱广权讲述了许多段子，例如“我命由你们不由天，我就属于佳琦直播间。”“烟笼寒水月笼沙，不止东湖与樱花，门前风景雨来佳，还有莲藕鱼糕玉露茶，凤爪藕带热干面，米酒香菇小龙虾，守住金莲不自夸，赶紧下单买回家，买它买它就买它，热干面和小龙虾。”“奇变偶（藕）不变，快快送给心上人。”“不是我一惊一乍，真的又香又辣，好吃到死掉的热干面令人不能作罢，舌头都要被融化，赶紧拢一拢你蓬松的头发，买它买它就买它，运气好到爆炸，不光买到了还有赠品礼包这么大，为了湖北我也是拼了，天呐！”等各式各样有趣的带货段子。

9.3.5　分享干货，讲述使用技巧

直播带货中，一定要分享干货，以及产品使用技巧，主播的言语一定要言之有物，如果主播的观点既没有内涵，又没有深度，那么这样的主播是不会获得用户长久支持的，这样的直播也不会有多大的热度。

要精准营销。直播营销虽然已经成为大势所趋，但也存在一些不可避免的缺点。比如，一些企业的直播受众很多都是无用用户，也就是只看不买。因此，如何

使直播用户转化为有价值的用户是企业进行直播营销的关键所在，而巧用口令红包券可以解决这一问题。

当然，在使用口令红包券这一技巧吸引用户时，有两个需要注意的事项，如图9－21所示。

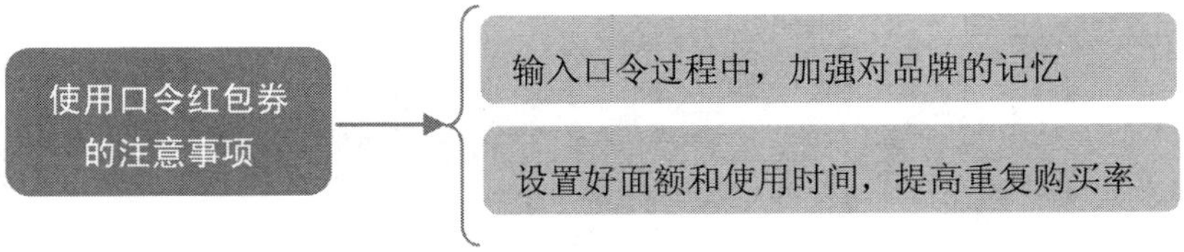

图9－21　使用口令红包券的注意事项

不管是哪种形式的营销，精确度都是最重要的。因此，如何在直播营销中找准受众，提高转化率也是我们所要掌握的。

9.3.6　场景植入，恰当露出品牌

在直播营销中，想要不露痕迹地推销产品，不让用户感到太反感，最重要的就是将产品融入场景。这种场景营销类似于植入式广告，目的在于营销，方法可以多种多样。那么，具体应该怎样将产品融入场景呢？笔者将其技巧总结为三点，如图9－22所示。

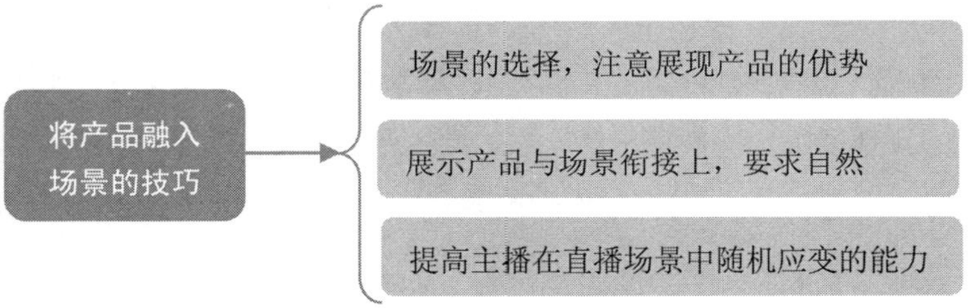

图9－22　将产品融入场景的技巧

9.3.7　口碑带货，展示用户体验

在用户购买日益理性化之下，口碑的建立和积累可以让电商的营销更为持久。

口碑的建立，目的就是为品牌建立一个良好的正面形象，并且口碑的力量会在使用和传播过程中，不断叠加，从而为品牌带来更多的消费者，这也是为什么在

电商中，那么多店家会希望你给予好评。

在淘宝平台中，店铺会拥有三个评分：宝贝描述、卖家服务、物流服务，如图9-23所示，三个评分的高低，在一定程度上会影响用户的购买率。评价越高，用户的使用感越好，则店铺的口碑越佳。

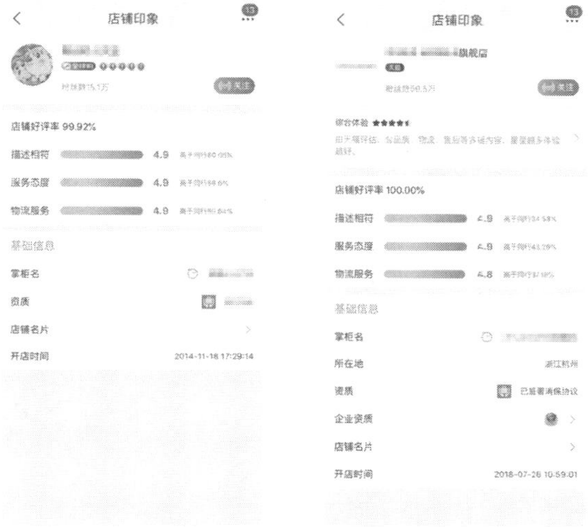

图9-23　淘宝店铺评分

产品的优质和售后服务都是口碑营销的关键，处理不好的售后服务会让用户对产品的看法大打折扣，并且降低复购率，所以优质的售后服务能够推动口碑的树立。

口碑是品牌的整体形象，关于这个形象的好坏，主要体现在用户对产品的体验感，所以口碑营销重点还是不断提高用户体验感，可以从三个方面进行改善，如图9-24所示。

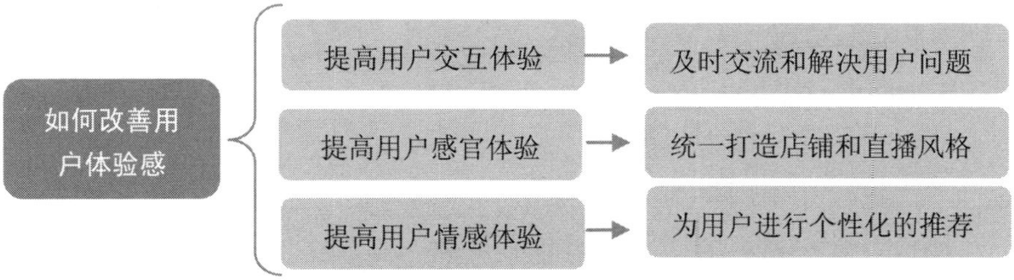

图9-24　如何改善用户体验感

一个好的口碑又具有哪些影响呢？

（1）挖掘潜在消费者

口碑营销在消费者购买中，影响重大，尤其是潜在消费者，这类用户会询问使用过产品的消费者其购买体验，或者查看产品下方评论，查找用户使用感受。所以，已使用过产品的消费者口中的评价，在很大程度上会动摇或促使潜在用户的购买。

（2）提高产品复购率

对于品牌来说，信誉，也就是所谓的口碑，是社会认同的体现，所以好口碑的品牌，也是提高产品复购率的营销方案，同时也反映了品牌的信誉值。

（3）增强营销说服力

口碑营销相较于传统营销，更具感染力，口碑营销的产品营销者其实是使用过产品的用户，而不是品牌方，这些使用过的用户与潜在消费者一样都属于消费者，在潜在用户的购买上更具说服力。

（4）解决营销成本

口碑的建立，能够节约品牌在广告投放上的成本，为企业的长期发展节省宣传成本，并且替品牌进行口口传播。

（5）促进企业发展

口碑营销有助于减少企业营销推广的成本，并增加消费者数量，最后推动企业成长和发展。

9.3.8 专注产品，一心绝不二用

一个直播只做一种产品，这听起来会不利于产品的促销，但实际上为了让用户更加关注你的产品，专注于一种产品才是最可靠的。而且这种方法对于那些没有过多直播经验的企业来说更为实用。

因为直播跟学习一样，不能囫囵吞枣，一口吃个胖子。一般来说，企业的直播专注于一个产品，成功的概率会更大。当然，在打造专属产品时，企业尤其注意两点，如图9-25所示。

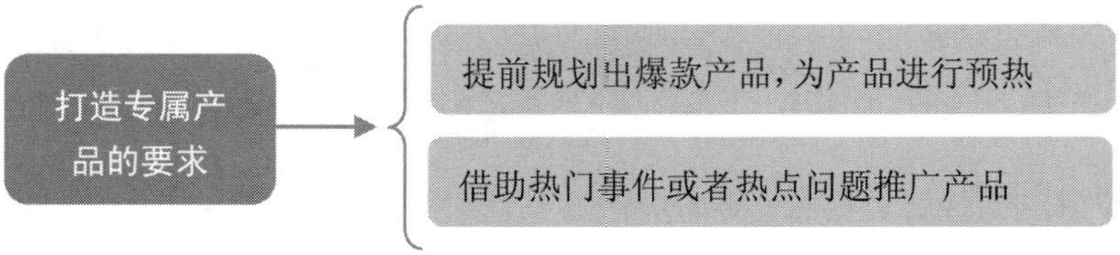

图9-25　展示产品的技巧

通过这两种方法，企业的产品就会进入用户的视野范围之内，给用户留下深刻的印象，从而为产品的销售打下良好的基础。

9.3.9 福利诱导，给用户大惊喜

想让用户在观看直播时快速下单，运用送福利的方式能起到很好的效果。因为这很好地抓住了用户偏好优惠福利的心理，从而“诱导”用户购买产品。

例如，有一个叫“玖姿专柜店”的店家，进行了一场标题为“玖姿，春夏新款一折抢”的直播。用户从标题就可以知道这家店铺在做活动，于是也产生了观看直播的想法。

在直播中，主播为了最大程度吸引用户购买产品，发出各种福利，比如打折、送福袋、秒杀等，图9-26所示为主播在展示衣服的质地、样式。用户如果觉得合适，就可以在直播页面的下方点击产品链接，直接下单，如图9-27所示。

图9-26　展示产品质地

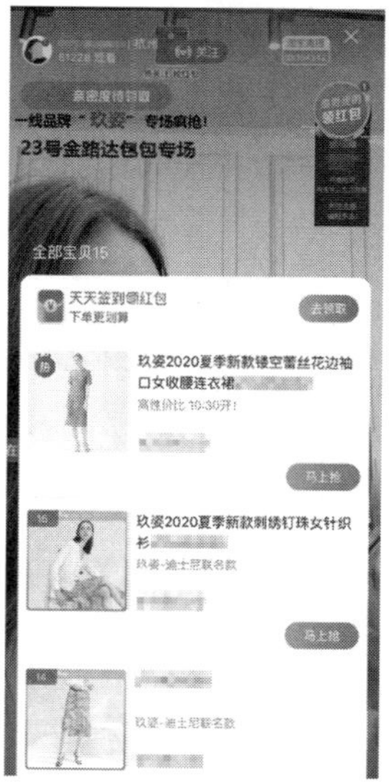

图9-27　直播中的打折产品

在直播中，主播以“福利”为主题，使出了浑身解数进行促销。首先是全面为用户介绍产品的优势；其次是主题上表明“品牌”“一折”的关键字眼，引起用户的注意；最后是直接在直播中送超值包包购买福利。通过这些努力，观看直播的用户越来越多，流量也不断转化为销量。

一般的企业、商家在上新产品时都会大力宣传，这时给用户使用新产品送福

利的方法，用户不仅会对新产品充满无限期待，还能毫不犹豫地下单，替用户摆脱了由于新产品价格高昂，而望而却步的烦恼。

除此之外，在折扣、清仓时同样也很适用，而且这种送福利的方式能更大程度地调动用户购物的积极性，清仓优惠谁会舍得错过呢?

例如，淘宝直播中一个名叫“万达撤柜，9.9包邮”的直播间，正是一场清仓的直播，如图9-28所示。所有产品只有在直播时享受折扣，这引起了众多用户的围观。主播还在直播中耐心展示每款清仓产品，如图9-29所示。

图9-28　“万达撤柜，9.9包邮”直播

图9-29　清仓产品展示

提醒：

此外，在直播中给观看的用户发送优惠券也会吸引用户。人们往往都会对优惠的东西失掉抵抗力，像平时人们总会愿意在超市打折、促销时购物一样，用户在网上购物也想获得一些优惠。

送优惠券的方式分为三种以下；

通过直播链接发放优惠券；

在直播中发送优惠券；

在直播中抽奖送礼物。

9.3.10　体现性价，买的就是优惠

在直播中体现物美价廉是吸引用户关注并下单的又一个技巧。比如，主播在直播时反复说“性价比高，包您满意”等语句。有很多人觉得这样吆喝太过直接，

但用户其实需要主播向他们传达这样的信息，因为大部分消费者都持有物美价廉的消费观。

例如，有一位试图推销VR眼镜的淘宝店主在斗鱼平台上进行直播时，就利用了几个技巧吸引了上万用户的关注，一时间这家店铺的热度直线上升，产品也由此得以大卖。那么，这位淘宝店主究竟是怎么做的呢？笔者将其营销流程总结为三个步骤，如图9-30所示。

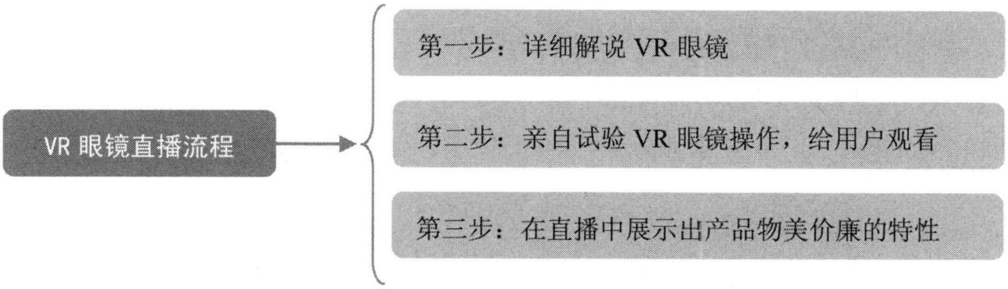

图9-30　VR眼镜直播流程

同时，在直播中，主播还给用户送上了特别优惠，给“物美价廉”又增添了几分魅力，不断吸引用户前去淘宝下单。这款产品也成为该主播的最热爆款。

9.3.11　设置悬念，猜猜直播内容

制造悬念吸引人气是很多营销一直都在使用的一种方法，而这对直播变现也同样适用。比如，在直播中与用户互动挑战，激发用户的参与热情，同时也使得用户对挑战充满期待和好奇。例如，微鲸电视曾经很好地利用了设悬念网人气的方法，获得了巨大的成功。趁着欧洲杯人们对足球热情的高涨，很多企业加入直播的大队伍中，微鲸电视就是其中一个。它联合美拍进行了一场主题为“颠疯挑战”的直播。

在那次直播中，最大的看点就是“中国花式足球第一人”谢华参与挑战2小时颠球4 000下。这次挑战直播设置了悬念，留住了用户，还有效增强了用户对微鲸品牌的好感度。

此外，通过设置直播标题和内容双料悬念也是网罗人气的一大绝佳方法。有些直播标题虽然充满悬念，但直播内容却索然无味，这就是人们常说的“标题党”。那么，要如何设置直播标题悬念呢？笔者将其总计为三种方法，如图9-31所示。

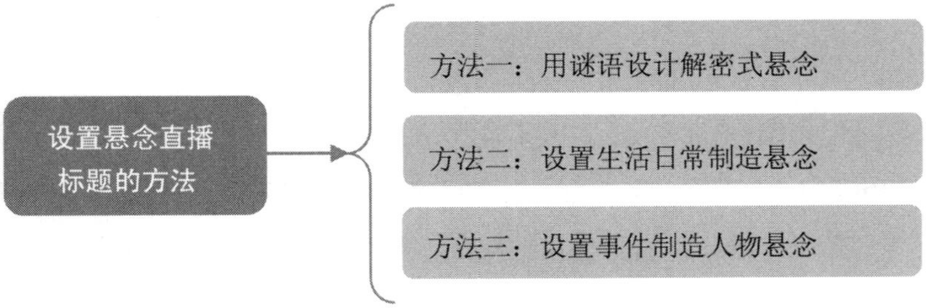

图9-31　设置悬念标题的方法

至于制造直播内容悬念方面，就要根据企业自己的实际情况进行直播，一定要考虑到产品的特色以及主播的实力等因素，不能夸大其词。例如，淘宝直播平台上“全球宠粉，排位盛宴冲”“跟随我的脚步淘好货”的直播标题，如图9-32所示。

图9-32　直播标题案例

这些标题隐约带有悬念的意味，用户可以知道这是一个全球代购的直播，带有悬念的直播更容易吸引用户的好奇心，从而将其转化为粉丝，实现变现。因此，设悬念网人气不失为直播变现的一个绝妙策略。

9.3.12　进行对比，优劣高低立显

直播变现的技巧除了围绕产品本身一展身手，还有一种高效的方法，即在直播中加入对比。对比使得用户更加信任你的产品，同时也可以带动气氛，激发用

户购买的欲望。当然，在直播中进行产品的对比还需要一些小诀窍，笔者将其总结为四点，如图9-33所示。

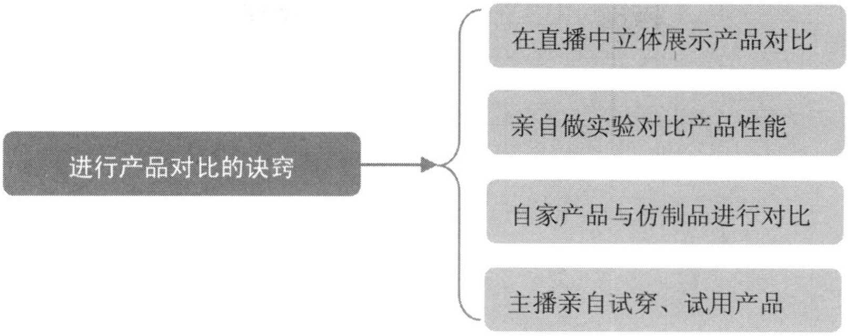

图9-33　进行产品对比的诀窍

在这些诀窍中，尤其是主播亲自试穿、试用产品，在这一点上能引起用户的共鸣，获得用户的信赖。比如，淘宝直播中有一个专门卖包包的店家，在直播中不断展示包包的材质、特点、款式，与仿制品相对比。不仅如此，就连拉链、包包里面的小口袋也都一一为用户呈现，如图9-34所示。

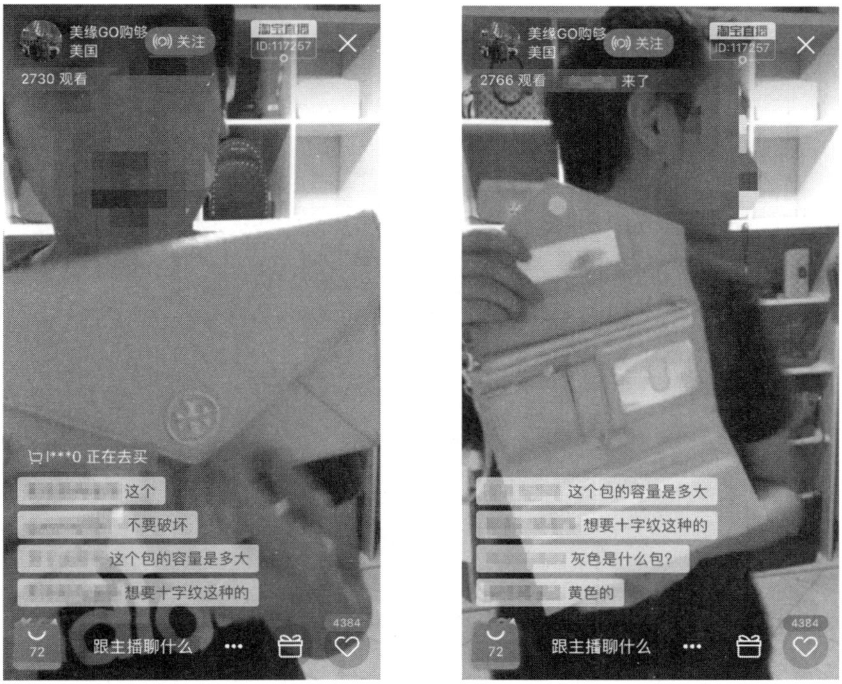

图9-34　淘宝包包店家在直播中亲自对比产品

由此可见，在直播中加入对比的方法确实能吸引用户的关注，而且还能为直播增加一些乐趣。

提醒：

当然，主播在将自家产品与其他产品进行对比时，也要注意文明使用语言词汇，不能以恶劣、粗俗不堪的语言过度贬低、诋毁其他产品。只有这样，用户才会真正喜欢你的直播，信赖你的产品。

第10章

打造品牌IP：挖掘用户价值，形成行业闭环

本章主要介绍了直播带货的四大商业变现手段，如口碑种草、品牌合作、自营店铺、明星带货等；以及电商网红如何成为自己的品牌主；最后分析了7大直播带货的达人案例，分别为薇娅、李佳琦、辛巴、散打哥、李小美、巧妇9妹以及机构“网星梦工厂”，帮助大家更好地进行直播带货。

10.1 直播带货的四大商业变现手段

直播带货比传统电商拥有更大的销售能力，在抖音、快手、哔哩哔哩等平台的直播带货，通常还会与短视频相结合，先通过短视频积累用户流量，再利用直播带来更大的销售额；淘宝、京东等平台的直播，通常会在每日定时开播，这两种不同的方式都是直播带货的方法。

那么在这些直播带货中，又有哪些商业变现手段呢？本小节主要介绍直播带货的四大商业变现手段。

10.1.1 口碑种草：免费宣传推广

“种草”和“安利”都属于在口碑营销中所产生的词汇，那么有哪些可以形成口碑的因素呢？可以从三点出发，第一为服务，就是提高产品的服务，进而形成口碑；第二为设计，可以利用“颜值”取胜，通过产品的外形或者设计来种草，也可以是产品的名称；第三是性价比，利用性价比形成口碑，进行种草。

1. 服务种草

好的服务能让消费者在消费过程中，获得好的购买体验，因此服务也是你销售中的重点，在直播带货中，可以通过树立好的人设赢得粉丝的喜爱。换句话说，就是让粉丝觉得你是一个“良心”主播，你安利的产品也非常“良心”。

优质的服务都是站在用户的角度，让用户感到开心、满足，就是你服务口碑建立的开端，素来以优质服务取胜的品牌，例如海底捞、Zappos、胖东来。

此外，在线上的电商平台中，客服和直播带货的主播都是店铺服务的体现，在直播带货中，可以分为主播和小助手，可以从以下几点提高直播带货服务，如图10-1所示。

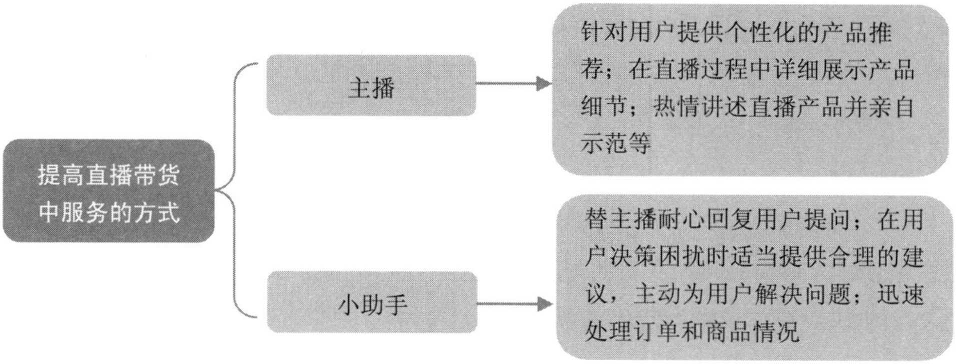

图10-1　提高直播带货中服务的方式

除此之外，物流服务也是提高服务的重点，用户收货的时间花费的越短，用户对店铺的印象也就越高，提升自身商品的物流服务，让用户拥有一个很好的物流服务体验，也可以为自己的品牌赢得很好的口碑，进而形成服务型口碑。

2. 产品种草

利用产品的设计进行口碑种草，可以从以下几点出发，如图10-2所示。

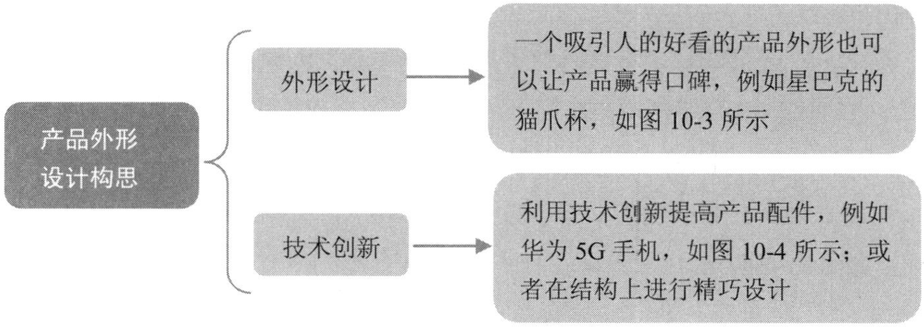

图10-2　产品外形设计构思

图10-3　星巴克猫爪杯

图10-4　华为5G手机

除了产品的设计，在直播中还可以对产品的名称进行设计，取一个特殊的别名。一个好记的别名能让用户对产品有个更好的印象，以便于产品的传播。例如Dior别称为雕牌，YSL圣罗兰经常被称呼为杨树林，香奈儿也称香奶奶，MUJI也称母鸡等。

此外，品牌产品也有一些别名，例如CPB精华肌底液称呼为手榴弹，芭比布朗深层洁净润颜颗粒称呼为胡椒粉，资生堂红研肌活精华露称呼为红腰子，SK-II肌因光蕴环采钻白精华露称呼为小灯泡等。

别称能够加深用户对产品的印象，有利于用户口碑的形成，尤其是在美妆品牌中会出现许多产品的别称。主播在进行美妆产品的直播带货中，也可以利用别称，或者创造别称来进行带货。

3. 性价比种草

性价比是口碑种草中的常见词汇，性价比的重点在于价格与效果的平衡，产品本身的效果与价格相匹配，或者超出产品价格，性价比高的产品的价格大多较为平价，但并不等于平价产品。

在利用产品的性价比进行直播带货中，重点表现的是产品的质量以及价格的平衡，性价比针对的群体多为注重产品质量较为实在的用户，性价比推荐的产品多为平价，或者中端产品。例如，小米手机旗下的红米Redmi手机、一加手机等。

2020年4月29日开售的VIVO的iQOO Neo3手机的口碑种草也主打的是性价比，如图10-5所示。

图10-5　VIVO的iQOO Neo3手机

直播带货中口碑种草的影响因素有两个：产品和主播，如图10-6所示。

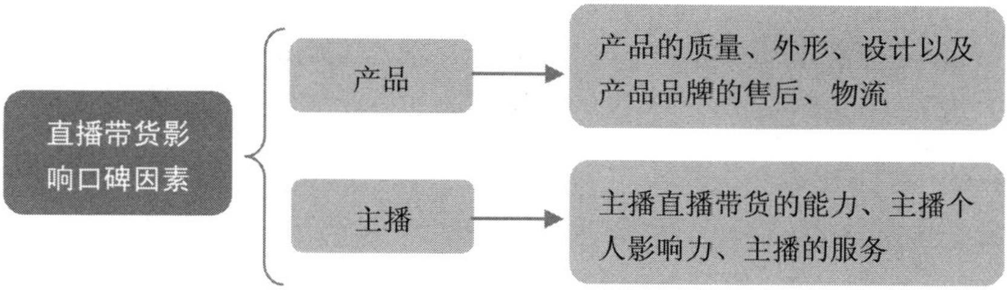

图10-6　直播带货中影响口碑种草因素

一些平台也会针对直播中的商品货物按照热度进行排名，排名榜的存在也推动了产品的口碑种草，让更多的用户根据榜单热度下单。图10-7所示为抖音平台的人气好物榜。

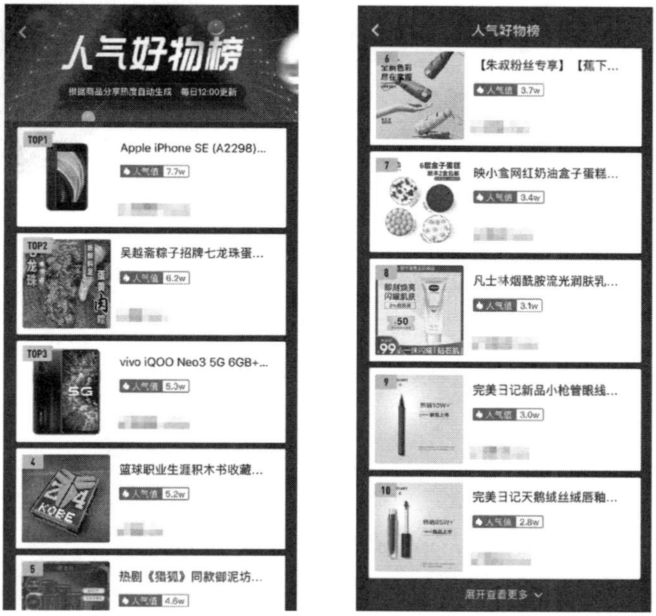

图10-7　抖音平台的人气好物榜

10.1.2　品牌合作：直播品质保证

与品牌进行合作，也是直播带货的一种变现手段，与品牌的合作具有以下几点优势，如图10-8所示。

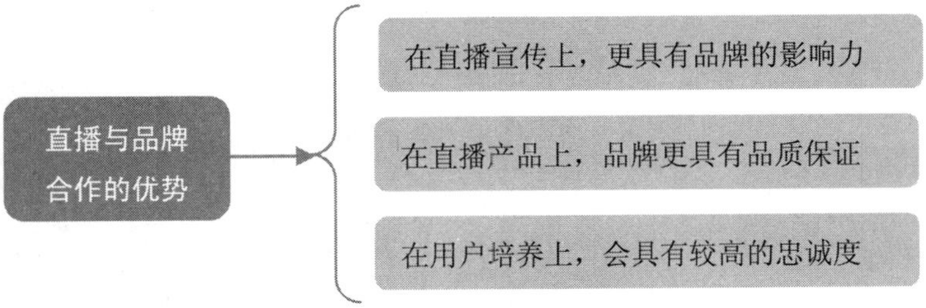

图10-8　直播带货与品牌合作的优势

1. 品牌影响力大

品牌在直播过程中具有自身流量，同样的一类产品，可能更多的用户会选择品牌产品，这也是品牌效应，用户的选择是基于品牌的信誉以及声望带来的影响力。直播与品牌进行合作，品牌对于直播带货的宣传具有积极作用，可能在直播之前的主播影响力并不是很大，但是通过与品牌的合作，可以让主播的直播带货拥有更多的点击率，同时增强说服力，加大产品的变现率。

合作的品牌知名度越高，拥有的用户基础越大，社会认可度越高，为直播带货所带来的影响力也就越大，推广效果也就越好。在与品牌合作时，要注意以下几点，如图10-9所示。

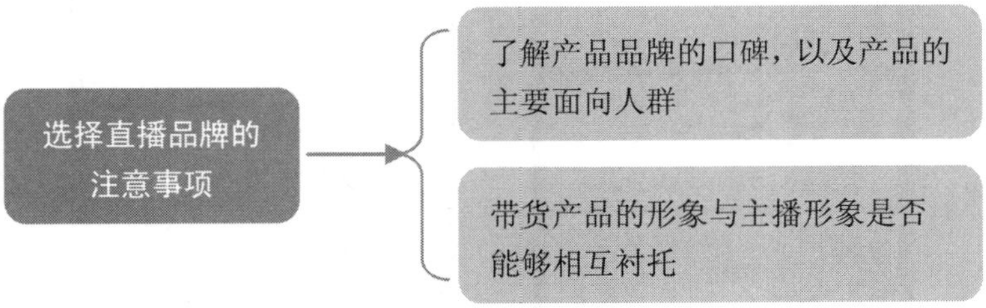

图10-9　选择直播带货品牌的注意事项

2. 产品品质保证

用户对品牌的忠诚度往往较高，因为品牌的产品大多具有较高的品质，并且拥有一套成熟的供应链，因此直播中不用担心产品的质量和供应问题。

3. 用户忠诚度较高

直播带货与品牌的合作，具有较高的用户忠诚度，这些忠诚度来源于品牌在大众心中的认同感、荣誉感，当用户使用品牌时，会产生一种荣誉感，而这种荣誉感也来自于品牌的知名度，知名度越高，所带来的荣誉感也越强，产品也就成为一种身份的象征。例如，在淘宝直播平台内，许多商场大品牌产品的直播间，利用折扣，常常会吸引许多用户进入购买。图10-10所示为淘宝的品牌专柜+折扣的直播间。

图10-10　淘宝的品牌专柜+折扣的直播间

10.1.3　自营店铺：低成本高收入

除了和品牌合作的直播带货，还有一种属于自营店铺的直播带货，这些主播属于店铺的老板，例如快手平台的娃娃李小美。

图10-11所示为自营店铺直播的优劣势分析。

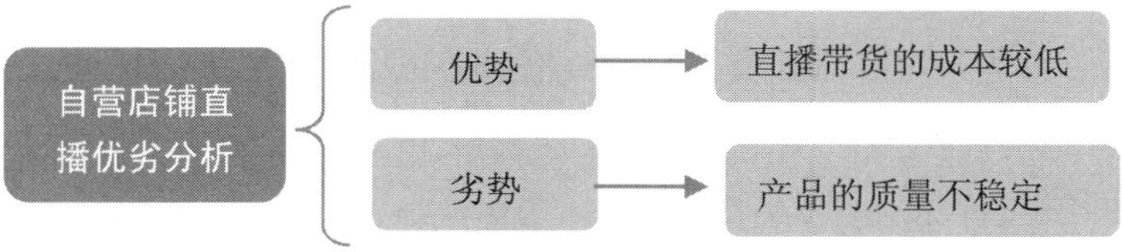

图10-11　自有店铺直播优劣分析

以下为一些淘宝直播中自营店铺的直播，如图10-12所示。

图10-12　淘宝直播中自有店铺的直播

如何提高自营店铺的直播带货转化率，可以从以下几点出发，如图10-13所示。

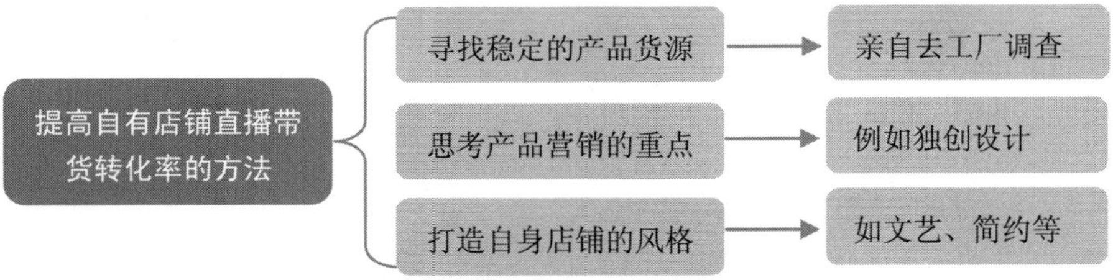

图10-13　提高自营店铺直播带货转化率方法

10.1.4　明星带货：形成粉丝经济

明星带货达人与店铺以及品牌的直播都不同，明星带货达人进行的直播带货，相当于将货物人格化，并且只需要和店铺合作即可，因此并不要求主播拥有自己的货源，并且直播中更多的是用户对于主播的喜爱、信任而产生的消费，即粉丝经济。

明星加入直播带货已非常常见，在薇娅的直播间内也经常会有明星参与，共同直播带货，如图10-14所示。

图10-14　薇娅和鹿晗共同直播带货

10.2 电商网红如何成为品牌主

品牌主，就是一个IP，那么IP究竟是什么？它是当今互联网营销的一个重要手段和模式。为了更好地了解主播如何通过直播平台进行营销，我们有必要事先了解主播的强IP属性。

10.2.1　主播：强IP的属性

随着移动互联网的飞速发展，网络上的各种内容传播的速度也不断加快，作为一个IP，无论是人还是事物，也都需要在社交平台上拥有较高的传播率。只有在微信、微博、QQ这三大主要的移动社交平台上都得到传播，才能符合一个强IP的要求，三者缺一不可。

1. 传输功能强大

一个强大的IP所必需的属性就是传播。只有传播的范围越广，才能影响到各个方面，从而得到更多的利益回报。这也是主播需要学习的地方，在各个不同的平台推广自己，才能成为影响力更强的IP。

同时，口碑也是IP传播属性的重要体现环节。所谓口碑，也就是人们对一个人或一个事物的评价。很多时候，人们的口耳相传往往比其他的宣传方式更加直接有效。例如，大型连锁书店——诚品书店，就是一个具有良好口碑的IP，相信文艺青年对其都不会感到陌生。

诚品书店之所以能够深入人心，是因为注重其IP具备口碑传播的属性。口碑传播越强，品牌效应也就会越大，那么营销也会越成功。因此，主播需要像诚品书店这个IP一样，全力塑造自己的口碑，这样就能传播得更广。

提醒：

诚品书店作为一个独具文艺特色的品牌，凭借其“连锁不复制”的理念和经营多年积累起来的口碑，已经将各种商业活动拓展开来，如文艺展览、网络购物、旅行、不动产等。

2. 价值内容丰富

如果一个IP想要吸引更多平台的用户，就应该打造优质并且真正有价值的内容。内容属性作为IP的一个必不可少的属性，究竟包含哪些特征呢？

在如今这个“营销当道”的社会，内容的重要性是不言而喻的。随着时代的发展，平台的多样化，从微博到微信公众号，内容生产者的自由度也越来越高。他们拥有更多的机会进行碎片化的内容，相应的，内容也开始变得多彩多样、个性十足。

面对如此繁杂的信息内容，用户不免有些审美疲劳，那么，如何吸引用户的眼球呢？这时，就需要内容生产者时刻把握市场的动态，关注用户的需求，然后制造出相应的内容，打造出一个强大的IP。

在这个内容中，爱玛电动车曾同世界电影界流行的《变形金刚5》和自家产品结合在一起，利用“变形金刚”这个强IP给产品内容锦上添花，可谓妙哉！主播作为一个需要成为强大IP的主体，也应向企业认知IP内容属性的方法进行模仿和学习，即努力去迎合市场的需求，抓住大众的心理，来创造一个优质且有价值的内容。

除此之外，内容属性与年轻群体的追求也是分不开的。一个IP是否强大，主要是看它塑造出来的内容是否符合年轻人的喜好。

例如，papi酱就是这样一个超级IP。如她自己所说，她是一个普通的大龄女青年，也是一个集美貌、才华与智慧一身的美少女。她之所以能够成为一个强IP，是因为她发布的一些视频大部分都有着清晰的价值观，在内容上贴近年轻人的追求，崇尚真实，摒弃“虚伪”，用幽默的方式对一切“装”的行为进行吐槽。

总之，成为一个强IP不仅内容要有质量，还要无限贴近年轻人的追求。主播也是一样，创造的内容要优质且有价值，才能吸引广大年轻群体的目光。

3. 情感属性共鸣

一个IP的情感属性容易引起人们的情感共鸣，能够唤起人们心中相同的情感经历，并得到广泛认可。主播如果能利用这种特殊的情感属性，那么将会得到更多用户的追捧和认同。

4. 粉丝效益强大

“粉丝”这个名词相信大家都不会陌生，那么“粉丝经济”呢？作为互联网营销中的一个热门词汇，它向我们展示了粉丝支撑起来的强大IP营销力量。可以说，IP就是由粉丝孵化而来的。没有粉丝，也就没有IP。

哪个行业的粉丝数量最为壮观呢？当属影视行业无疑。纵观当下的综艺节目，一开播甚至还未开播时就已引得无数粉丝关注议论，例如《青春有你》《我们的乐队》《向往的生活》《创造营202》《我是创作人》，它们都有一个共同之处——热门IP。

“粉丝经济”不仅在于为IP带来影响力和推广力，最重要的还是在于将粉丝的力量转变为实实在在的利润，即粉丝变现。粉丝不仅能为企业传播和宣传品牌，还能为企业的利润赚取作出贡献。主播也应学会经营粉丝，这样才能成为一个超级IP。

5. 商业前景无限

一个强大的IP，必定具备一个良好的商业前景。

让我们以音乐为例，如果一个原创歌手想要将自己的歌曲打造成一个强IP，就必须给歌曲赋予商业价值。随着时代的发展，音乐领域的商业价值不仅体现在唱片的实体销售量上，而且还包括付费下载和在线播放量。只有把握好各方面的条件，才能卖出更多的产品，打造强大的IP。

TFBOYS在刚出道时虽然遭到了重重困难，但时间证明，他们的商业价值是不可估量的，并且每个人都有了各自的发展路线。TFBOYS不仅成为一个十分强大的IP，而且前景也是一片大好。从最初的音乐、到后来的影视、综艺、广告等多个方面，相信这个名副其实超级IP以后还会延伸到更广的领域。

当然，既然说的是前景属性，那么并非所有的产品在当下都具有商业价值。企业要懂得挖掘那些有潜力的IP，打破思维固态，从多方位、多角度进行思考，全力打造符合用户需求的IP，才会赢得IP带来的人气，从而获取大量利润。主播同样也要学会高瞻远瞩，看准发展方向，拓宽发展空间，才能成为一个强IP。

除此之外，伴随性也是一个好的IP不可或缺的特征。何谓伴随性？简单地说就是陪伴成长。打个比方，如果你面前有两个产品供你选择，价格相等，你会选你从小看到大的动漫，还是长大以后才看的动漫？相信大多数人都会选择从小看到大的产品，因为那是陪伴他一起成长的，其中承载了成长的点滴和情感。

一个IP的伴随性也直接体现了其前景性。如果IP伴随着一代又一代人的成长，那么他就会打破时间和空间的限制，制造出无穷无尽的商业价值，历久弥新。

作为主播当然也要懂得陪伴的重要性，这样可以利用陪伴中产生的情感，成为具有商业价值和市场前景的IP。

6. 内在情怀吸引

一个IP的属性除了体现在外部的价值、前景等方面，还应注重其内在特有的情怀和内涵，而内涵则包括很多方面。例如，积极的人生意义、引发人们思考和追求的情怀以及植入深刻价值观的内涵等。但IP最主要的目的还是营销。所以，IP的内涵属性要与品牌自身的观念、价值相契合，才能吸引用户的眼球，将产品推销出去。企业还可以对IP进行改编，从而推出产品。当然，改编经典IP的关键就在于体现出更加丰富的内涵。

提醒：

丰富 IP 内涵，需要企业将主要精力放在内容的制作上，而不是单纯地追求利益最大化，急功近利是打造 IP 的大忌。只有用心，才会使得用户投入其中，从而彰显出 IP 的内在价值。

7. 故事属性丰富

故事属性是IP吸引用户关注度的关键属性，一个好的IP，必定是有很强的故事性的。仔细分析每一个强IP，都不难发现它们都有一个共同点——故事性强。正是这些IP背后的故事，引起了用户的兴趣，造成了市场轰动的状况。

自《致我们终将逝去的青春》开始，电影界就掀起了一阵“青春校园”的热潮。例如，《匆匆那年》《少年的你》等国产青春片，触动了不少人的回忆与情怀，也吸引了大量的市场和资本。尽管人们对其内容褒贬不一，但还是在票房和影响力上取得了非凡的成绩。这其中的原因就在于这些青春题材的电影故事性强，正好与用户的口味相符。

青春时代承载了人们太多美好的回忆，也累积了很多有趣的故事。长大成人之后很少能拥有那份纯真，所以这也是青春电影受到热烈欢迎的原因。

好的故事总是招人喜欢的，在IP的这种故事属性中，故事内容的丰富性是重中之重。对于主播来说，如果你有好的故事，就一定能吸引用户的兴趣。没有好的故事，那也只会火热一时，最终成为过往云烟，被用户遗忘。

10.2.2 沉淀：人物IP特点

打造人物IP的本质其实还是内容，因为吸引粉丝要靠内容。那些能够沉淀大量粉丝的人物IP除了拥有优质的内容外，它们还有一些共性的特点，本节将进行具体分析。

1. 社交媒体的打造

人物IP的兴起并不是偶然现象，而是社交网络媒体发展过程中的一种新产品，其中网红就是最直接的体系，网红们也因此成为最大的受益者。

从目前来说，正是微博、微信等设计网络媒体的环境迭代催生了网红，同时也刮起了“IP”营销风潮。那些被粉丝追逐的人物IP，他们在社交网络媒体上都拥有良好的用户基础，所以才能取得好的成绩，尤其是一些热点IP，更是成为内容营销的争抢目标。

图10-15所示为社交网络媒体的人物IP的主要特点。

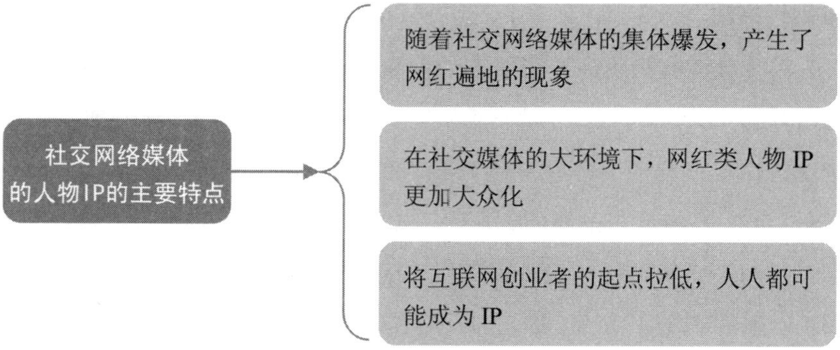

图10-15　社交网络媒体的人物IP的主要特点

社交网络媒体的流行，尤其是移动社交平台的火爆，让很多能够创造优质内容的互联网创业者成为自媒体网红，这个趋势还将进一步延伸。

2. 变现能力的提高

当然，要想获得真正的成功，一个重要的考量就是“变现”，即使你具备再强的实力，但却赚不到一分钱，那么你的价值就没有得到真正地体现。

如今，人物IP的变现方式已经越来越多，如广告、游戏、拍片、主播、社群、网店、微商、商业服务、卖会员、VIP以及粉丝打赏等。人物IP只有具备较强的商业变现能力，才能获得真正的互联网和粉丝经济的红利。

3. 学习和经验积累

作为人物IP的重要条件，创造内容如今也出现年轻化、个性化等趋势。要创作出与众不同的内容，虽然不要求你有多高的学历，但至少要有能闪现点价值的东西出来。从某种方面来看，读书和阅历的多少，直接决定了你的内容创造水平。

总之，在互联网内容创业中，内容不能太简单地平铺直叙或自卖自夸，而要用更新颖有趣的方式进行创意营销。

4. 产业活动的衍生

在进行内容传播时，主播切不可只依赖单一的平台，在互联网中讲究的是“泛娱乐”战略，主播或企业可以围绕IP为核心，将内容向游戏、文学、音乐、影视等互联网产业延伸，用IP来连接和聚合粉丝情感。

企业可以借助各种新媒体平台，与粉丝真正建立联系，同时，这些新媒体还具有互动性和不受时间空间限制的特点。

5. 核心价值观明确

要想成为超级IP，首先你需要一个明确的核心价值观，即平常所说的产品定位，也就是你能为用户带来什么价值。

迪士尼的精心策划是《超能陆战队》获得成功的主要原因之一，但更多的原因是《超能陆战队》的IP抓住了差异化定位，有明确的核心价值观，那就是在青少年、儿童人群中塑造一个英雄式的强势IP。

企业在打造IP的过程中，当价值观明确了之后，才能轻松地作出决定，对内容和产品进行定位，才能突出自身独特的魅力，从而快速吸引关注。

6. 人格化魅力培养

在打造人物IP的过程中，主播需要培养自身的正能量和亲和力，可以将一些正面、时尚的内容以比较温暖的形式第一时间传递给粉丝，让他们信任你，在他们心中产生一种具备人格化的偶像气质。有人说，在过分追求“颜值”的年代，“主要看气质”的流行蕴含着“正能量”。不过，对于互联网创业者来说，要想达到气质偶像的级别，首先还是要培养人格化的魅力，如图10-16所示。

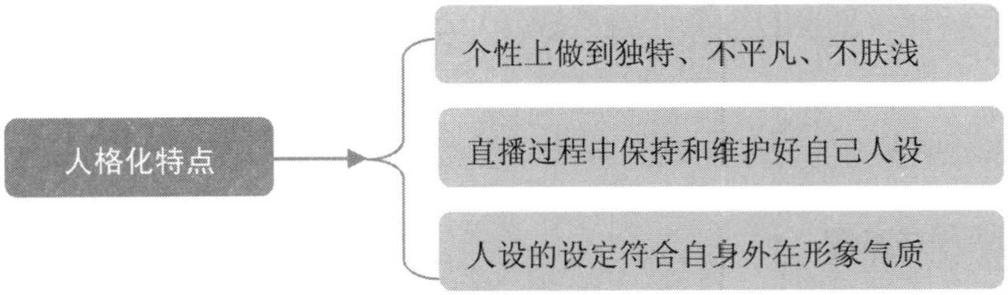

图10-16　人格化的特点表现

俗话说“小胜在于技巧，中胜在于实力，大胜在于人格”，在互联网中这句话同样有分量，那些超级IP们之所以能受到别人的欢迎、容纳，其实这也侧面说明他具备了一定的人格。

10.2.3　输出：IP的产业链

从YY开始直播之路至今，直播市场已经得到了多年的发展，并在互联网上也涌现了一大批直播平台。如今，直播已是非常普及且大众化了，同时直播主播类人物IP也形成了一套完善的输出产业链。

1. 自身才艺吸引

要想成为直播主播，首先你需要有一技之长，这样才能吸引网友关注。

当然在国内，主播们除了自己拥有才艺内容外，还需要直播平台的扶持，才能完成从网红到网红经济的跨越，实现其名利双收的IP价值。

同时，平台也在相互渗透，这种改变使主播们实现了引流和内容发布等供应链的集中，进一步缩短了粉丝变现的途径，而如今直播已经成为一个社交平台中的互联网流量中心，主播们强大的粉丝黏性将为这些供应链平台带来更多的价值。

2. 平台与公会扶持

大部分的主播都会有一个“所属公会”，而且这些公会通常会占据主播收入一定比例的抽成。公会在直播行业的供应链中占据很重要的地位，他们不但控制下游的主播，而且还拥有强大的营销、市场、传播、技术等能力。

尤其在以主播为内容本身的秀场直播中，公会对于平台的价值非常大，他们管理着大批的优质主播，而且也不断向平台输送内容。其实，公会本质上就是一个小型的经纪公司，并且构建了主播的三级经济链条。对于那些拥有好的内容，而且播出时间比较稳定的主播，公会会进行推荐。

公会与经纪公司的目的是一致的，他们都是为了向直播行业输送最优质的IP，不断培养优秀的内容创作者，打造娱乐生态。

3. 平台与平台合作

好的直播平台可以快速吸引主播入驻，而且这些主播同时也能为平台带来更多的用户和收入。各种直播平台的出现也让IP争夺越来越激烈，而且很多平台开始借势于电视剧、电影、综艺等热门IP，帮助平台吸引更多新用户。

同时，在各种直播平台上，用户不但可以看到熟悉的网红主播，而且还能看到很多明星艺人的直播。这些影视综艺IP与直播平台的合作，对于双方来说是一件互惠互利的事。对于直播平台来说，主播、明星、企业等IP都拥有自身的定位和功能，他们自上而下在平台上的结合，可以形成一条完整的产业链结构，并逐渐形成一种新的商业模式。

10.2.4 掘金：IP的取胜之道

网络红人们强大的影响力、号召力使“红人”成为一种经济模式，在各种内容形式的网红的带动下，IP逐渐在摆脱文娱产业的束缚，如钟表老师傅王津，就是因专业的古董修复技术而成为网络红人。由此可见，在红人经济的带动下，IP开始向整个经济市场迈进。

本节将介绍红人经济掘金IP的取胜之道，解析主播应该具备的能力。

1. 数据分析预测

首先，主播如果想要吸引用户关注，就需要具备一定的大数据分析能力。

各种数据的主要功能如下：

关注量与订阅用户数量等数据说明了你的内容被多少人推送。

阅读量可以体现你的文章标题是否具有吸引力。

转载量可以体现内容质量的优劣。

新增的关注与订阅人数则说明了持续输出的内容是否有价值。

用户转化比例数据可以体现你推广的商品解决用户的需求程度、营销活动的吸引力程度，同时还可以反映产品与关注用户是否精准匹配。

主播进行直播和积攒人气需要数据来作为支撑。例如，被称为“数据模型下的神奇预言家”的大卫·罗斯柴尔德（David Rothschild），就曾运用大数据分析技术成功预测出24个奥斯卡奖项中的21个，准确率高达87%。

同样的，主播运用大数据来分析直播内容、粉丝等数据，实现更精准的内容准备和营销。

2. 平台运营维护

社交平台是在互联网中获得粉丝的关键阵地，对于主播来说，还需要掌握社交平台的运营维护能力。只有运营好微信、微博、QQ等社交平台，才能将粉丝的力量转化为真金白银。主播可以在社交平台上与粉丝进行沟通和交流，并利用他们感兴趣的内容来吸引他们，即可从中获得巨大利益。

10.3 直播带货实力超群的达人案例

这一小节将介绍一些直播带货实力超群的达人案例，分析他们是如何进行直播带货的，以供想要进行直播带货的群体参考。

10.3.1 淘女郎“薇娅Viya”：全年直播间成交27亿元

薇娅被称为带货女王，也是淘宝网红一姐，图10-17所示为薇娅淘宝直播的主页以及直播间，在薇娅直播带货过程中，她的语言朴实，这样会让用户觉得主播可靠，为人实在，能使人产生信任感，并且薇娅直播带货的产品都是薇娅亲自体验过的，在态度上给用户很诚恳的感觉。

图10-17　薇娅淘宝直播主页以及直播间

除此之外，最让人佩服的是薇娅曾在直播间成功卖过总价4 000万元的火箭，不得不让人佩服薇娅的带货能力，接下来我们将总结一下薇娅直播带货的特点。

1. 活动抽奖开场

薇雅的直播开场白总是以抽奖的形式开始，以吸引用户关注，并且在薇雅的直播间内，抽奖的奖品配置较高，让用户不忍心错过。除此之外，在直播间，还会不定时反复进行抽奖。

2. 粉丝昵称亲近

薇雅的粉丝被薇雅称为“薇雅的女人”，从粉丝的昵称上建构了与粉丝之间的亲密性，无形中拉近了与粉丝之间的距离。

3. 产品预告直接

在薇娅直播间的开端，薇娅就会预告用户直播产品的内容以及上架时间，站在用户的角度，方便用户观看以及下单。

4. 产品数量限制

薇娅直播带货时，会限制上架产品数量，分批依次进行上架，这样有利于营造紧张的气氛，调动用户积极性，在下单上构成一种紧张的“竞赛”感，让用户踊跃参与下单。

5. 折扣优惠吸引

薇雅介绍产品时，会首先以消费者的角度，介绍该产品的优势，接着反复强调本次直播中的优惠，并且在折扣上还会附带赠品，让用户抓住机会下单，这种产品的优点+折扣+赠品的方式，直击用户的痛点，并且让没有下单的用户产生一种“错失”感。

6. 输关键词抽奖

在薇雅的直播间，会让用户在弹幕上输入关键词，接着利用关键词进行抽奖，既有利于为下一次的直播进行宣传，也有利于调动用户参与感和直播间的热度。

7. 语言的日常化

在薇雅的直播内，薇雅的言语非常的日常化、生活化，这让用户拥有亲切感，并且薇雅带货时会分享自己的生活与想法，站在用户的角度去讲解。

8. 产品针对推荐

对于一件产品，薇雅会讲述这个产品不适合的人群，暗示可使用人群购买，或者直接讲述适合什么样的人群，让这类人群产生代入感，进而前去购买。

9. 主播亲自展示

对于一些产品，薇娅会在直播时亲自佩戴或者使用，并会为用户介绍自己身上的产品，或者利用话题引申转化到自身使用产品之上，再通过粉丝效应，让喜爱她的人进行下单购买。

10. 先天个人因素

薇娅本身拥有较好的面容以及身材，这在进行直播带货时，会使产品展现效果更佳，并且薇娅在销售方面也具有天赋，加上本人还十分地努力，薇娅在2019年直播场次超过350次，但薇娅很少休息，所以这一切的成就与她的天赋和认真努力是分不开的。

11. 团队共同合作

光有个人的能力，没有团队的合作也很难成功，在薇娅直播时，她的团队之间十分配合，并且服务于薇娅，还会与薇娅一起跟用户讨论生活化的事情。

10.3.2 淘宝直播李佳琦：涂口红的世界纪录保持者

李佳琦是直播的带货达人，图10-18所示为李佳琦淘宝直播的主页和直播间，同时也是口红一哥，以及30秒涂口红次数最多的吉尼斯纪录保持者。

图10-18　李佳琦淘宝直播主页和直播间

李佳琦直播带货具有以下几个特点：

1. 直播动作夸张

夸张的动作是李佳琦给人直播的最大印象，以及他的口头禅："OMG""买它，买它""来咯"，这些经典的语言也成为李佳琦直播的一个符号象征，并且引得无数人模仿、娱乐。

2. 直播文案优秀

在李佳琦的直播带货中，他对产品的介绍文案都是经过深思熟虑的，并且围绕产品的优点进行展开，让用户了解其好处，看过李佳琦直播的用户，可以发现，他的直播文案都是场景化的文案，并且具有形象，具体的特点，例如"显白到爆炸""啊！好闪，五克拉的嘴巴""这只唇膏在嘴巴上会跳舞"等。

3. 多平台的联合

李佳琦在多个平台都拥有曝光率，例如抖音、快手、小红书、B站，并且在每个平台都拥有粉丝和流量，这为直播带货进行了引流和推广，另外李佳琦还会在微博上进行直播预告，以及粉丝维护。

4. 直播重点明确

李佳琦直播带货，拥有明确的重点，就是产品，一切都围绕产品，并且他的主要职责也是进行产品营销。

5. 直播态度负责

李佳琦对待直播带货的工作非常负责，并且坚持直播，这样认真的态度吸引了不少粉丝。

10.3.3 快手"辛巴818"：名副其实的"快手卖货王"

2019年的双十一，辛巴818成为快手电商购物街的排行榜第一。图10-19所示为辛巴818的快手主页。

图10-19　辛巴818快手主页

在辛巴818的直播带货中，具有以下几个特点，如图10-20所示。

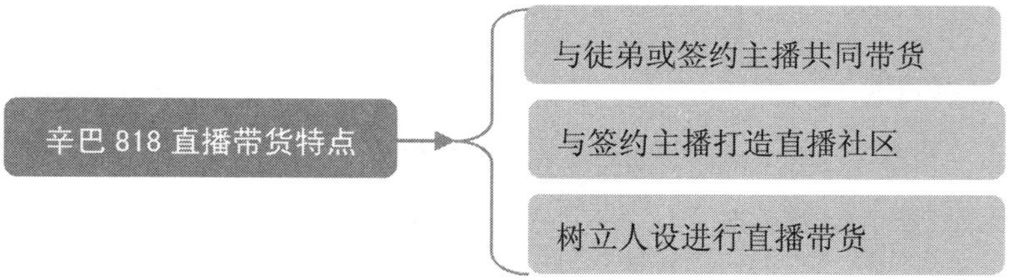

图10-20　辛巴818直播带货特点

10.3.4　快手红人“散打哥”：18小时销售额1.6亿元

快手的散打哥，曾在三个小时的直播带货中，获得了5 000万元的销售额，并且在一天内，取得了1.6亿元营业额的成绩。图10-21所示为“散打哥”快手主页。

图10-21　“散打哥”快手主页

“散打哥”的直播带货，具有以下几个特点，如图10-22所示。

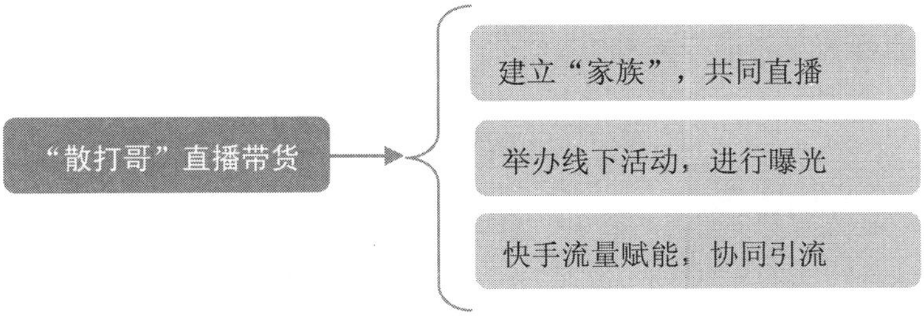

图10-22　“散打哥”直播带货特点

10.3.5　快手“娃娃”李小美：快手直播的一线人气网红

娃娃，也叫李小美，是快手平台的人气红人，每周一晚七点都会在快手平台上进行直播带货。图10-23所示为“娃娃”李小美的快手主页。

> **提醒：**
>
> （1）在娃娃的直播间内，进行示范的模特也具有面容姣好、身材窈窕的外形优势，这在对服装展示上具有很好的衬托作用。
>
> （2）娃娃本人已婚且有了小孩，但是她在外形上依然保持着年轻女性的风格。
>
> （3）在娃娃的直播间内，用户会觉得十分轻松，因为娃娃的直播语言风趣幽默，并且十分热情。
>
> （4）在娃娃直播带货中，还会进行剧情式卖货，以及限量库存的“闪电购”和不定时粉丝抽奖。

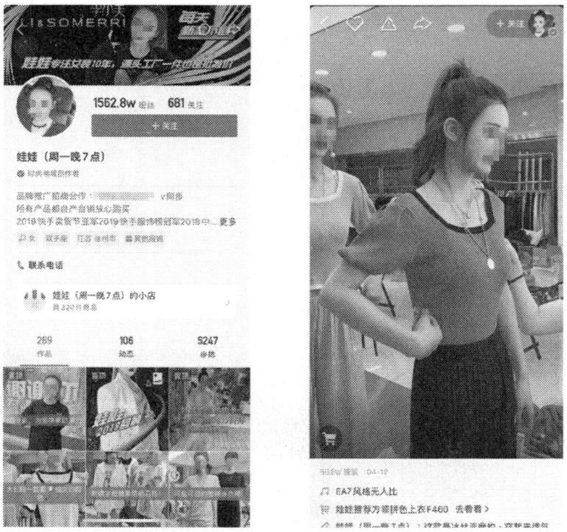

图10-23　“娃娃”李小美快手主页

“娃娃”是广州娃娃家服饰有限公司的总经理，并且被称为“全网送衣服第一人”。“娃娃”的直播带货，并不是与品牌进行合作的，她是利用自有店铺，进行直播带货。接下来，我们将分析“娃娃”直播带货的特点，图10-24所示为想要进行自有店铺直播的用户进行参考。

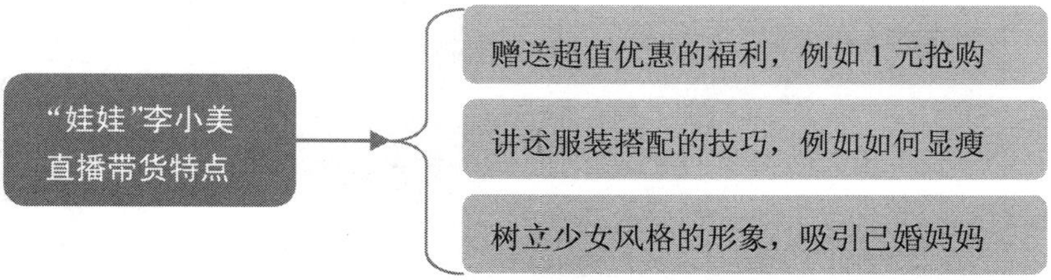

图10-24　“娃娃”李小美直播带货特点

10.3.6　今日头条“巧妇9妹”：“山货上头条”的代表

今日头条的“巧妇9妹”是“三农”产品直播带货的代表，在她的直播带货中，具有以下几个特点，如图10-25所示。

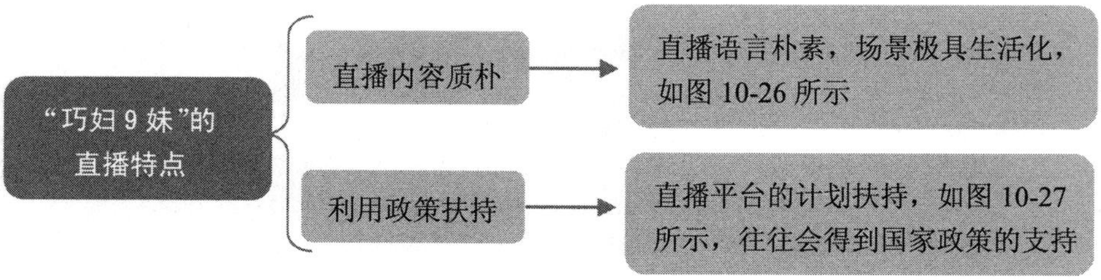

图10-25　“巧妇9妹”的直播特点

图10-26 “巧妇9妹”直播中生活化的场景

图10-27 今日头条“扶贫达人招募计划”申请

提醒：

国家对“三农”产品直播带货具有很大的扶持力度，并且多个直播平台都推出了扶持计划，所以对于“三农”产品的主播来说，政策就是最好的推广力量。

10.3.7　MCN机构“网星梦工厂”：当之无愧的机构带货王

在2019年的双十一购物节中，薇娅和李佳琦实现的近30亿元的直播成交额背后，是一个叫作MCN的机构，也叫“网星梦工厂”。图10-28所示为抖音MCN主页以及月度榜单。“网星梦工厂”在2019年的双十一购物节中，还获得了机构卖货榜的第一名，如图10-29所示。

图10-28　抖音MCN主页以及月度榜单

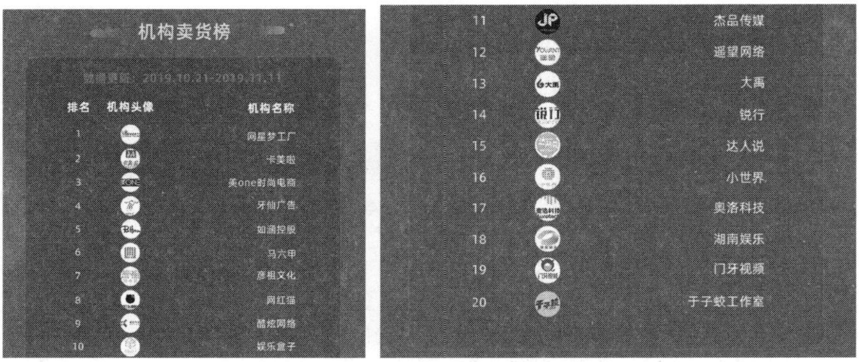

图10-29　机构卖货榜

网星梦工厂机构具有以下几个特点，如图10-30所示。

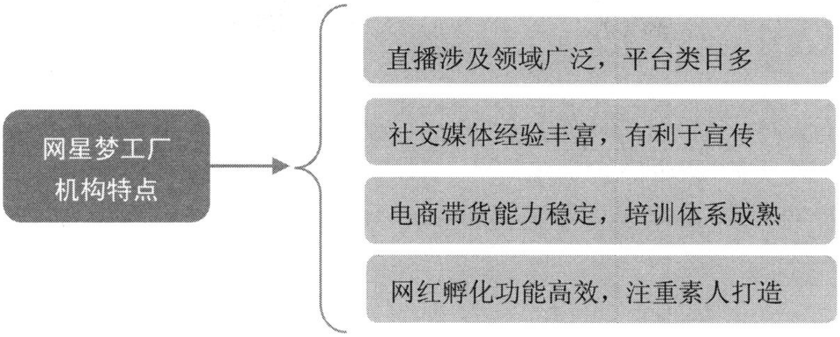

图10-30　网星梦工厂机构的特点

1. 直播涉及领域广泛

在网星梦工厂机构中，中部的网红直播带货的类目范围广泛，包括服饰、食品、家具、美妆、数码，由此可见，机构已经相当于全部类目的销售平台了。

2. 社交媒体经验丰富

在机构成立初期，每年都会在微博上制造热门的营销事件以及话题，例如“鞠婧祎”就是出自该机构之手。“网星梦工厂”机构主要经营的是媒体营销，并且内容、推广是机构最擅长的事情，尤其是在微博平台，并且微博是“网星梦工厂”机构进行曝光和推广的主战场。

3. 电商带货能力稳定

网星梦工厂的电商带货能力稳定，且具有价格优势，优惠的价格在对用户的选择上具有很大的优势，“便宜”也是对用户最大的吸引。

4. 网红孵化功能高效

在“网星梦工厂”机构的运作中，中部的主播是机构打造的重点，这点与其他争夺头部主播资源的直播平台不同，此外机构还专注素人主播的打造，再利用其丰富的媒体经验，可以使得这些素人主播得到很好的流量曝光，并且以中部主播为主的经营，也有利于主播的管理以及公司的盈利。

提醒：

微博的环境开放，用户活跃，对于素人主播的曝光具有很好的优势，且微博的用户群体年轻，对直播的兴趣也较高，虽然微博的用户没有微信的用户多，但是同时相对而言，微博的竞争力也较小。